WAGENBACHS TASCHENBÜCHEREI

Die Schülerschule von Barbiana
Brief über die Lust am Lernen

Vorwort von Peter Bichsel
Nachwort von Lisa Brink und Leonore Thies
Anhang: der Prozeß Milani

Verlag Klaus Wagenbach   Berlin

Aus dem Italienischen von Alexander Langer und Marianne Andre

Sämtliche Abbildungen dieses Bandes wurden dem Verlag freundlicherweise von dem ›Centro di documentazione don Lorenzo Milani e Scuola di Barbiana‹ in Vicchio zur Verfügung gestellt. Insbesondere danken wir Giovanni Banchi für seine liebenswürdige und freundschaftliche Unterstützung.

Das italienische Original dieses Buches erschien 1967 unter dem Titel *Lettera a una professoressa* bei Libreria Editrice Fiorentina, Florenz.

Wagenbachs Taschenbücherei 113

1.-6. Tausend 1984 der Taschenbuchausgabe
47.-53. Tausend der Gesamtauflage
© 1970, 1984 (deutsche Übersetzung) Verlag Klaus Wagenbach
Ahornstaße 4   1000 Berlin 30
© 1967 Libreria Editrice Fiorentina, Florenz
Umschlag: Rainer Groothuis unter Verwendung einer Photographie von Thomas Schmid (sic!)
Satz und Druck: Druckhaus Neue Presse, Coburg
Bindung: Hans Klotz, Augsburg
Alle Rechte vorbehalten. Printed in Germany
ISBN 3 8031 2113 2

Inhalt

Peter Bichsel
Rassismus und Faulheit 19

Vorbemerkung des Übersetzers 19

Über unsere Schule

I Barbiana 21
II Unsere Schule 21
III Warum wir anfangs zur Schule kamen 23
IV Warum wir jetzt zur Schule kommen 24
V Vom Reden zum Tun ist ein weiter Weg 25

Die Pflichtschule darf nicht durchfallen lassen

Die Leute vom Berg 31
Die Jungen vom Dorf 35
Die Prüfungen 39
Die reformierte Mittelschule 47
Statistik 49
Durch Geburt verschieden? 72
Es wäre Eure Aufgabe gewesen 73
Die Auslese kommt jemandem zugute 77
Die Herrschenden 80
Die Auslese hat ihren Zweck erreicht 83
Für wen macht Ihr es? 85
Die Reformen, die wir vorschlagen 88
1 Nicht durchfallen lassen 88
2 Ganztagsschule 90
  Ganztagsschule und Familie 92
  Ganztagsschule und gewerkschaftliche Rechte 93
  Wer wird die Ganztagsschule verwirklichen? 95
  Ganztagsschule und ihr Inhalt 96
3 Ein Ziel 98

In der Lehrerbildungsanstalt laßt ruhig durchfallen, aber...

England 107
Selbstmörderische Auslese 110
Der Zweck 113
Die Bildung, die notendig ist 118
Die Bildung, die Ihr verlangt 120
Strafprozeß 128
Die Ansteckung 132
Die Post 133
Desinfektion 136

Statistische Unterlagen (Tafeln) 145

Anmerkungen des Übersetzers 161

Lisa Brink. Leonore Thies
Schule und Leidenschaft. Die Wirkung der Scuola di Barbiana 165

Anhang: Der Prozeß Milani 173

Dieses Buch ist nicht für die Lehrer geschrieben, sondern für die Eltern. Es ist eine Aufforderung, sich zu organisieren.

Auf den ersten Blick scheint das Buch von einem Jungen allein geschrieben. In Wirklichkeit aber sind wir Verfasser acht Jungen der Schule von Barbiana.
Andere Kameraden von uns, die arbeiten, haben uns sonntags geholfen.

Vor allem müssen wir unserem Pfarrer danken, der uns erzogen hat. Er hat uns die Regeln der Kunst gelehrt und er hat die Arbeit an diesem Buch geleitet.
Ferner den vielen Freunden, die auf andere Weise mitgearbeitet haben:
für die Vereinfachung dessen, was wir geschrieben haben, danken wir verschiedenen Eltern;
für die Sammlung statistischer Angaben danken wir Sekretären, Lehrern, Schuldirektoren, Beamten des Ministeriums und des Zentralamtes für Statistik, Pfarrern;
andere Nachrichten verdanken wir Gewerkschaftern, Journalisten, Gemeindeverwaltern, Historikern, Statistikern, Juristen.

Peter Bichsel
Rassismus und Faulheit

Dieses Buch ist mehr als ein Diskussionsbeitrag zu Schulfragen und theoretische Bemerkungen sind vor ihm lächerlich; denn die Schüler von Barbiana plädieren für die Praxis. Theoretische Pädagogik hat sie daran gehindert, die Mittelschule besuchen zu können.
Ihr Verhältnis zu modernen Unterrichtsmethoden ist das Verhältnis von Hungernden gegenüber gepflegten Tischsitten. Während die einen verhungern, verfeinern die andern Methoden und Sitten. Vorwürfe gegenüber der Schule haben im besten Falle zur Folge, daß die Unterrichtsmethode modernisiert wird. Wenn Kritische von einer modernen Schule sprechen, dann wird das die Schule nie als grundsätzliche Kritik begreifen, sondern höchstens als Kritik an der Art, der Technik ihres Unterrichts. Die Institution als solche kann ihr nicht zum Problem werden. So hört denn auch in der Regel der Lehrer während seiner Ausbildung wohl viel von neuen Unterrichtsmethoden, aber wenig bis nichts von grundsätzlich neuen Schulen.
Die Schüler von Barbiana leben in Italien. Das könnte die deutsche Übersetzung des Buches verharmlosen. Von italienischen Analphabeten hat man schon gehört. Die Schüler von Barbiana sind aber nicht Schüler, die keine Möglichkeit haben, zur Schule zu gehen, sondern es sind Durchgefallene, und solche gibt es überall — nämlich Schüler, die »den Anforderungen der Schule nicht gewachsen sind«. Die Schüler von Barbiana treten überzeugend den Beweis an, daß es sich umgekehrt verhält, daß nämlich die Schule den Anforderungen der Schüler nicht gewachsen ist.
Die Lehrer empfinden Forderungen der Schüler als anmaßend. Sie glauben, daß sie, die Lehrer, im Geschäft der Schule die Fordernden (die Gläubiger) sind. Denn die Schule — so argumentieren sie — ist Pflicht. Pflicht heißt Zwang, und die Lehrer empfinden sich als die Ausübenden dieses Zwangs. Die Unterrichtsmethodik geht deshalb von der lächerlich falschen

Voraussetzung aus, daß das Kind nicht lernwillig sei. Deshalb entscheidet sich der Lehrer entweder für die Verführung oder für den Zwang, also den Prügelstock. Beides sind deutlich autoritäre Maßnahmen, entweder bindet der Lehrer seine Schüler restlos an seine verführerische Person und erzieht sie zu unkritischen Gläubigen, oder er dressiert sie mit dem Mittel der Angst.

Der Prügelstock hat immerhin den Vorteil, daß dem Kind Möglichkeiten inneren Widerstandes bleiben, daß es sich von der Person des Lehrers absetzen kann. Nun, der Prügelstock ist historisch geworden — niemand trauert ihm nach — und es ist der Schule damit gelungen, das Symbol der lehrerlichen Autorität abzuschaffen, die Formen der Autorität zu verfeinern, derart zu verfeinern, daß sie selbst dem Lehrer nicht mehr auffallen.

»Die Lehrerinnen sind wie die Priester und die Huren. Sie verlieben sich schnell in die Geschöpfe«, schreiben hier die Schüler (Seite 51). Ein Satz, der jedem Lehrer zu denken geben muß, denn andrerseits mißt auch der Lehrer seinen Erfolg ausschließlich an der Größe der Liebe und Anhänglichkeit seiner Schüler zu ihm. Ich selbst habe es in meiner Schule nicht anders getan. Die Schüler waren auf meiner Seite, auch auf der Seite meiner Unzulänglichkeiten.

Das kam so weit, daß ein Schüler, der mich kritisierte oder angriff, höchstens mit *meiner* Einsicht und Unterstützung rechnen konnte, mit der seiner Mitschüler nie. Die selbstverständliche Folge war, daß Kritik eines Schülers selten vorkam und als entsprechend ungebührlich empfunden wurde. Ich war Staatsanwalt, Verteidiger und Richter in einer Person, und da mir diese Ämterhäufung nicht auffallen konnte, hatte ich auch keinen Grund, diesen Ämtern gegenüber kritisch zu sein. Die Schulpflicht hatte zur Folge, daß jede menschliche Geste von mir sozusagen eine freiwillige Leistung war.

Man hat vergessen, daß die Einführung der Schulpflicht nicht als Bildungszwang gedacht war, sondern als eine Garantie für das Bildungsrecht. Man wollte mit der Schulpflicht die Kinder vor uneinsichtigen Eltern und Behörden in Schutz nehmen. Die Schule muß sich bewußt werden, daß sie ein Recht (das Recht auf Bildung) zu vertreten hat und nicht einen Zwang. Der Durchgefallene verliert sein Recht durch mangelnde Leistung. Die Leistung des Lehrers wird kaum eine Rolle spielen, weil die Mehrheit der Schüler in der Klasse verbleibt. Die Verbleibenden sind sein Alibi.

Ihnen zuliebe, sagt der Lehrer, habe er die andern durchfallen lassen, sie wären sonst durch den schwachen Schüler allzusehr belastet worden. Ihnen zuliebe, sagt er auch zu den Durchgefallenen, habe er sie durchfallen lassen, denn von einer Wiederholung würden sie nur profitieren.

Der Maßstab jedenfalls ist die Schule, nicht der Schüler. Deshalb kann der Schüler an der Schule scheitern, die Schule am Schüler nicht.

Das Buch der Schüler von Barbiana hat mich an einen Schüler erinnert, den ich vor Jahren in meiner Klasse hatte. Er wohnt immer noch hier in der Gegend, und ich schäme mich, wenn ich ihn sehe. Er war, so glaubte ich, einer meiner schlechteren Schüler. Seine schriftlichen Arbeiten schienen das zu beweisen. Ich war überzeugt, daß er die Prüfung für die höhere Schule nicht bestehen werde. Seine Eltern schätzten ihn als intelligent ein und sprachen mit mir darüber. Ich konnte ihnen meine Einschätzung mit schriftlichen Arbeiten belegen. Er machte die Prüfung und fiel mit einem sehr schlechten Resultat durch. Dann kam er zu einem andern Lehrer. Dieser erklärte mir sehr bald, daß Gerhard sein bester Schüler sei. Ich konnte es nicht begreifen. Ein Jahr später bestand er die Prüfung glänzend. Heute ist er Ingenieur, wenn er mich sieht, grinst er.

Gerhard ist damals eindeutig ein Opfer meiner Einschätzung geworden. Es ist für einen Schüler schwer, ein Urteil des Lehrers zu widerlegen und zu überstehen. Ich habe in meiner Klasse nie soziale Unterschiede gemacht, trotzdem ist Gerhard ein Opfer meines sozialen Vorurteils geworden. Sein Vater war ein einfacher ungebildeter Arbeiter. Er hat mich zwar darauf aufmerksam gemacht, daß er seinen Sohn besser einschätzte, aber wer tut das erstens nicht, und zweitens konnte sich Gerhards Vater nicht überzeugend genug ausdrücken, drittens war er kein einflußreicher Mann, und ich war ihm bildungsmäßig überlegen.

Ich weiß genau, was ich gemacht hätte, wenn Gerhard der Sohn eines Gebildeten gewesen wäre. Ich hätte ihn durch den Schulpsychologen testen lassen, nicht etwa, um etwas über ihn zu erfahren (ich fühlte mich in meinem Urteil sicher), sondern um meine Überzeugung gegenüber den Eltern belegen zu können. Bestimmt hätte mich das Resultat des Tests überrascht, hätte zu einer neuen Einschätzung geführt und dem Schüler neue Möglichkeiten gegeben.

Fehleinschätzungen sind unter den besten Bedingungen möglich und nicht vermeidbar. Deswegen hätte ich mich eigentlich nicht zu schämen. Ich schäme mich nur, weil ein soziales Vorurteil meine Einschätzung nicht besser kontrollieren ließ. Dabei war ich schon damals davon überzeugt, daß Intelligenz nichts mit dem sozialen Status zu tun hat, und ich kannte genügend Beispiele dafür. Andrerseits war es leicht, den Vater von Gerhard von meinem Urteil zu überzeugen, er hatte sich als Arbeiter daran gewöhnt, bescheiden, demütig und genügsam zu sein — wie das auch in diesem Buch dargestellt wird.

Ich schreibe dies, weil die Schüler von Barbiana in ihrem Brief von einer Schule der Reichen sprechen, und weil wir hier bei uns doch schnell bereit sein könnten, auch diese Äußerungen als spezifisch italienisch zu empfinden.

»Sie bleibt eine Schule nach dem Maß der Reichen. Jener nämlich, die die Bildung zuhause haben und nur in die Schule gehen, um Zeugnisse zu ernten.« (Seite 43)

Ein kleines Detail des Briefes zeigt, wie konsequent sich die Schüler gegen das Bildungsbürgertum stellen: In den Anmerkungen sind die Verfasser von fast naiver Gründlichkeit. Vielleicht lächeln wir, wenn wir hier lesen: »Homer: antiker griechischer Dichter, Verfasser der ›Ilias‹ und der ›Odyssee‹.« Warum lächeln wir? Weil wir stolz sind auf die Selbstverständlichkeit dieses Wissens. Allgemeinbildung vermittelt uns Privilegierten eigentlich nichts anderes als die Code-Wörter, mit denen wir uns gegenseitig erkennen. Wir haben zwar auch einmal in der Schule gelangweilt im Homer lesen müssen. Wir wissen zwar auch ein bißchen, was darin geschieht. Aber viel näher ist uns dieser Homer kaum gegangen, und nun lächeln wir trotzdem, wenn die Autoren des Briefes die Selbstverständlichkeit Homers bezweifeln.

Der Privilegierte lernt in der Schule eben nicht nur Dinge, die ihm direkt in seinem Leben dienen, sondern er lernt auch den Code, der ihm erlaubt, sich in der Elite zu bewegen. Die

Gebildeten sprechen eine andere Sprache, um die Verständlichkeit auf ihren Kreis zu beschränken, dadurch werden sie zur Elite und haben nicht nur einen Beruf, sondern auch einen Stand.

Der Satz: »Die Theorie vom Genie ist eine bourgeoise Erfindung. Sie stammt aus einer Mischung von Rassismus und Faulheit.« (Seite 118) ist durch das Erlebnis der Schüler von Barbiana belegt. Sie haben erfahren, daß sich eine Elite immer auf ein Naturrecht oder auf ein göttliches Recht zu beziehen sucht. Die Bildungselite bezieht sich auf das Recht des Talents; weil der Gebildete an das Talent (Geschenk Gottes, Geschenk der Natur) glaubt, muß er keine Bedenken gegenüber seiner »Auserwähltheit« haben. Das Genie ist der Extremfall, der seine Elitetheorie untermauern soll. Die eigene Sprache, der Code (z. B. das Wort Homer), umgrenzt die Elite und schützt sie.

Gianni ist der Junge, der an dieser Sprachgrenze scheitert: »Nun mag es gut sein, daß Gianni auch lernt, Radio zu sagen. Eure Sprache könnte ihm nützlich sein. Aber inzwischen könnt Ihr ihn nicht aus der Schule vertreiben. ›Alle Bürger sind gleich, ohne Unterschied der Sprache.‹ So hat es die Verfassung bestimmt, und dabei an ihn gedacht.« (Seite 34)

Die Schüler von Barbiana haben die Schule als Prüfstelle erlebt. Man macht hier eine Aufnahmeprüfung, Zwischenprüfungen und eine Abschlußprüfung. Wenn man hier lernt, dann für diese Prüfungen. Das Diplom einer Schule ist der Mitgliedsausweis für einen bestimmten Kreis, eine bestimmte Klasse. Auch die Eltern meiner Schüler haben die Schule immer nur so verstanden, und ihr Interesse an der Schule ist nur darin begründet, daß sie einen gesellschaftlichen Aufstieg ermöglicht. Sie verstehen die Demokratie so, daß sie für jeden die Möglichkeit geschaffen hat, sich in der Schule die Papiere des Adels zu erwerben. Die Demokratie hat die Schule des Feudalismus übernommen und damit die Klassengesellschaft nicht abgeschafft, sondern im Gegenteil gestärkt, weil es ihr gelang, die Grenzen zwischen den Klassen elastisch zu machen. Die Abschlußprüfungen sind zugleich die Aufnahmeprüfungen in die Gesellschaftsklassen, ein Diplom kann ein Adelsbrief sein.

Nach und nach kommen die Pädagogen zur Einsicht, daß die Aufnahmeprüfungen abgeschafft werden müßten. Folgerichtig müßte man dann auch die Abschlußprüfungen abschaffen. Erst dann würde die Prüfschule zur Lernschule.

Vor Jahren noch konnte ein Diplom garantieren, daß man ein Leben lang in einem Beruf tätig sein konnte, ohne Wesentliches dazuzulernen. Man hatte einen Beruf auf Grund eines Diploms, das Jahrzehnte zurückliegen konnte. Unsere Schulen stammen aus einer Zeit, die Bildung und Wissen als gesichert betrachtete, die eigentlich davon überzeugt war, daß man etwas ein für allemal lerne. Eine Abschlußprüfung war damals sozusagen ein Lernabschluß für immer.

So geht man also auch in eine Berufsschule (Lehrerbildungsanstalt, Handelsschule, Universität) nicht vor allem, um das Wissen und die Methoden des Berufes zu erlernen, sondern um ein Diplom zu erreichen, das einem die Ausübung des Berufes ermöglicht.

Auch hier behaupten die Lehrer, daß die Zwischen- und Abschlußprüfungen als Lernanstoß notwendig seien. Selbst in der Berufsschule also nimmt man an, daß der Schüler nicht lernwillig sei. Selbst hier, wo er ein Berufsziel anstrebt und frei gewählt hat. So gesehen müßte man zum Schluß kommen, daß in einem Lehrerseminar Leute sitzen, die alles unternehmen, keine Lehrer zu werden und deshalb dem Zwang von Prüfungen unterworfen werden müssen. Davon profitieren am Ende die Ungeeigneten, die dann trotz ihrer Nichteignung zum Beruf, trotz ihrem Nichtlernenwollen, zu einem Abschlußzeugnis kommen, und mit diesem Zeugnis zu einer garantierten Lebensstelle in einem Beruf, den sie nicht mögen; denn nur der Ungeeignete braucht gezwungen zu werden. Die Vorstellung zum Beispiel, daß das Heer der Germanisten sich durch etwas anderes unterscheiden müßte als durch einen Ausweis über bestandenes Studium, hat immerhin etwas für sich. Sicher würde dann ein Germanistikstudium allein kaum mehr als Voraussetzung für eine Deutschlehrerstelle genügen. Der Lerneifer müßte also — und erst noch ganz auf die Praxis bezogen — zunehmen.

Was mich als Lehrer an diesem Bericht überrascht, ist, daß ich zum ersten Mal eine Stimme der Schüler höre. Ich hätte bevor ich diesen Brief kannte, behauptet, ich wäre stets mi meinen Schülern im Gespräch gewesen. Es stimmt nicht — meine Schüler waren mit mir einverstanden. Was für mich neu ist, und was die Grundlagen der Methodik und Pädagogik erschüttern sollte, ist die Forderung der Schüler nach einer Lernschule: die Forderung nach einem Rückschritt sozusagen, und Forderungen nach Rückschritten können unter Umständen in einem Fach, das sich als fortschrittlich empfindet, revolutionär sein — denn eigentlich konservative Pädagogen gibt es nicht, sie stellen sich alle als progressiv dar, als revolutionär sozusagen, und das »Progressiv-Doktrinäre« fällt wohl in keinem Fachgebiet so sehr auf wie gerade in der Methodik.

Die Schüler und Lehrer von Barbiana sind Praktiker. Sie haben keine Idee in die Tat umzusetzen; das Recht auf Bildung ist ihnen selbstverständlich, eine weitere Rechtfertigung brauchen sie nicht. Neben dem Brief der Schüler können doktrinäre Forderungen nach antiautoritärer Erziehung, kann vielleicht sogar ein A. S. Neill mit seinem großen und wichtigen Summerhill-Modell verblassen. Denn in-sich-progressive Ideen auf dem Gebiete der Pädagogik müßten zuletzt doch daran scheitern, daß sie sich nur so lange entwickeln können, als sie eine Möglichkeit haben, sich vom üblichen zu unterscheiden; der Unterschied bleibt ihr Maßstab. (Einmal abgesehen davon, daß diese Modelle ihre enorme Nützlichkeit und Wirkung darin haben, daß sie das Übliche in Frage stellen und erschüttern.)

Von solchen Modellen unterscheidet sich die Schule von Barbiana dadurch, daß sie zu machen ist, daß die politischen Veränderungen, die sie als Voraussetzung haben müßte, gering wären und daß sie ganz eindeutig politische Veränderungen zur Folge hätte.

Es gibt bekanntlich in Schulfragen den Hexenkreis, daß die Schule nur verändert werden kann, wenn sich die Gesellschaft verändert, und daß die Gesellschaft nur verändert werden kann, wenn eine neue Schule die Bürger aufklärt.

Diesen Hexenkreis haben die Schüler von Barbiana durchbrochen, mit der einfachen und revolutionären Forderung: Wir wollen lernen.

Die Forderung scheint selbstverständlich.

Sie ist aber gegenüber den heutigen Verhältnissen ebenso

absurd wie wenn jemand zu einem Meisterkoch der französischen Küche sagen würde: Wir hungern.

Die Forderung nach diesem Rückschritt (und es ist nur ein scheinbarer, denn die geforderte Lernschule gab es noch nie, die Schule hatte immer »höhere« Ziele) ist revolutionär, weil sie eine falsch gelaufene Evolution stoppen und rückgängig machen will.

Die Schüler begründen ihre Revolution mit der Bibel, das mag einerseits der Einfluß ihres hervorragenden Pfarrers sein, andrerseits ist die Bibel das einzige revolutionäre Buch, das sie gelesen haben. Ihr verdanken sie die Einsicht in soziale Ungerechtigkeiten, vor allem aber die Einsicht in eine verlogene Gesellschaft. Daß die Bibel auch das Buch der andern Seite ist (nämlich dort, wo sie vom Dulden und vom Hoffen und vom Leiden spricht), stört die Schüler nicht. Sie haben die Bibel selbst gelesen, und weil sie das ganze Code-Bildungstum ablehnen, ist sie für sie durch nichts belastet.

Die Schüler belegen ihre Forderungen selbst dort, wo sie absurd Erscheinendes fordern, z. B. den Zölibat für die Lehrer. Mag dieser Schluß auch falsch sein, die Argumentation dafür stimmt, nämlich die, daß Schule halten eine totale Aufgabe ist. Und die Forderung zeigt zum mindesten in ihrem Fehlschluß, daß die Schüler ihre Sätze selbst erarbeitet haben, daß sie sie von keiner politischen Front oder Strömung übernommen haben, es sei denn aus der politischen Front der Bibel, des Christentums, das in Notsituationen seine Sprengkraft zurückerhält, nämlich dort, wo es vom Bildungsbürgertum nicht mehr besänftigt werden kann.

Und diese Selbständigkeit der Argumentation gibt andern Sätzen erst ihre Größe, dem Satz zum Beispiel: »Die Theorie vom Genie ist eine bourgeoise Erfindung«, oder dem Satz: »Achtundzwanzig Unpolitische und drei Faschisten macht 31 Faschisten.« Das sind nicht angelesene Sätze, sondern eigene Beobachtungen, das sind keine Theorien, für die man Beispiele in der Praxis suchte, sondern ganz einfache Feststellungen.

Das Buch »Die Schülerschule« ist eine Minimalforderung, die revolutionär ist. Daß es notwendig geworden ist, diese Schule zu fordern, ist beschämend für all das, was wir bis jetzt für Bildung hielten. Die Forderung deckt auf, daß Bildung, wie wir sie bis jetzt verstanden, die Grundlage der Klassengesellschaft geworden ist. Man bildet sich, um sich zu unterscheiden, und man profitiert nicht vor allem vom Gelernten, sondern vor allem vom Unterschied.

Das war und ist die Schule des Feudalismus. Dadurch, daß die Demokratie diese Schule übernommen hat und (scheinbar) für alle geöffnet, scheinbar allen die Möglichkeit des Aufstiegs in höhere Bildungsklassen gegeben hat, dadurch hat sie den Feudalismus in die Scheindemokratie hinübergerettet.

Schule, Staat und Gesellschaft bestimmen sich gegenseitig. Die feudalistische Schule bildet Feudalisten aus — dagegen kommt auch die demokratische Verfassung nicht an.

Die feudalistische Schule ist das trojanische Pferd in der Demokratie.

Vorbemerkung des Übersetzers

Kurze Erklärung des italienischen Schulwesens zur Zeit der Entstehung dieses Buches (1966-67).
Pflichtschule: laut Verfassung dauert die Schulpflicht acht Jahre (6.-14. Lebensjahr). Vor Einführung der reformierten Mittelschule (1962/63) und Ausdehnung des Mittelschulnetzes bestand in kleineren Orten oft keine andere Wahl, als mehrmals die letzte Grundschulklasse zu besuchen.

Grundschule: dauert fünf Jahre, Unterstufe (1.-2. Klasse), Oberstufe (3.-5. Klasse). Einheitlich.

Mittelschule (auch Untermittelschule genannt): dauert seit der Reform von 1962 drei Jahre und ist einheitlich. Unterrichtsfächer: Italienisch, eine Fremdsprache (früher nicht, dafür Latein als Pflichtfach), Mathematik, Erdkunde, Geschichte, Staatsbürgerkunde (ungenügend durchgeführt), Naturkunde, Kunst-, Werk- und Musikerziehung, Turnen, Religion, Latein ist nur noch Wahlfach.
Nach der Mittelschule (also nach vollendetem achten Schuljahr, womit die allgemeine Schulpflicht aufhört) teilen sich die verschiedenen Schulzweige.

Allgemein kann man die Schultypen bis zum Reifegrad als *Oberschulen* (Obermittelschulen, höhere Mittelschulen) bezeichnen; sie dauern fünf Jahre. Die wichtigsten Typen sind:
Humanistisches Gymnasium (ginnasio-liceo classico) mit Griechisch und Latein. Der Schultyp, der allgemein von den Kindern aus „guter Familie" besucht wird.
Realgymnasium (liceo scientifico): ohne Griechisch und mit weniger Latein, dafür mehr exakte Wissenschaften, im übrigen dem humanistischen ziemlich ähnlich; die zweite Stufe im Sozialprestige.
Fach-Oberschulen (Handelsoberschule, Oberschule für Geometer, usw. – eine ganze Reihe von Zweigen, die ebenfalls bis zum Reifegrad führen). Eine Ausnahme bildet die *Lehrerbildungsanstalt* (istituto magistrale), von der in diesem Buch hauptsächlich die Rede ist: sie dauert nur vier Jahre, weswegen sie manchmal auch aus Gründen der kürzeren Ausbildungsdauer besucht wird.

Alle diese Schultypen arbeiten mit *Prüfungen:* Übergang von der ersten zur zweiten Stufe der Grundschule, Abschluß der Grundschule („licenza elementare"), Abschluß der Mittelschule („licenza media"), eine Zwischenstufe im humanistischen Gymnasium („licenza ginnasiale"), Abschluß der Oberschule. Die Abschlußprüfung der Oberschule heißt je nach Schultyp humanistische oder wissenschaftliche Reifeprüfung, Lehrbefähigung, Fachbefähigungsprüfung, usw. Sie entspricht dem Abitur.

Mit dem Abschlußdiplom einer Oberschule und je nach dem besuchten Schultyp kann man die *Universität* besuchen. Dabei eröffnet das humanistische Gymnasium Zugang zu allen Fakultäten, die anderen Oberschulen zu einer begrenzteren Anzahl von Fakultäten oder Hochschulinstituten, die Lehrerbildungsanstalt nur zu einer Fakultät (Pädagogik).

Die Universität wird mit Dissertation und Promotion abgeschlossen; man erwirbt den Doktorgrad nach einem Studium von mindestens vier Jahren (in den meisten Fällen länger).

Lehrer: die Grundschullehrer haben die Lehrerbildungsanstalt besucht (vier Jahre; nach Abschluß der Mittelschule). Die Mittel- und Oberschullehrer müssen die Universität abgeschlossen haben. In Italien werden sie „professore" (weiblich: „professoressa") genannt. Hier steht einheitlich Oberschullehrer für die Lehrer an Mittel- und Oberschulen.

Schulische Laufbahn: die Schulzeugnisse werden in den Grund-, Mittel- und Oberschulen dreimal im Jahr (Trimester) ausgestellt. Dabei wird in jedem einzelnen Fach eine Note (Zensur) erteilt. Die Höchstnote ist Zehn, kommt aber praktisch nur in der Grundschule vor. Auch Neun ist in den Mittel- und besonders Oberschulen äußerst selten. Die Zensuren entsprechen etwa folgenden Bewertungen: 10 = außerordentlich, 9 = sehr gut, 8 = gut, 7 = befriedigend, 6 = genügend, 5 = ungenügend, 4 = ganz ungenügend, manchmal auch noch 3, 2, 1. Dazu gibt es Zwischennoten (5/6, 6 +, 4 − usw.), die die Bewertungen noch weiter abstufen sollen. Wer am Schluß des Jahres in einem oder mehreren Fächern (bis zu vier Fächern, gewöhnlich) ungenügende Zensuren hat, muß in den entsprechenden Fächern am Ende der Ferien „Nachprüfungen" (oder „Wiederholungsprüfungen") ablegen, auf Grund deren er dann versetzt wird oder nicht. Wenn schon vor Beginn der Ferien, also am Ende des Schuljahres, das Ergebnis als eindeutig ungenügend im ganzen gewertet wird, muß der Schüler das Jahr wiederholen (durchfallen, ital. Fachausdruck: bocciare). Man kann also schon am Ende des Schuljahres durchfallen, oder erst auf Grund der Nachprüfungen (oder wenn man dazu nicht antritt). Das Schuljahr dauert in Italien vom 1. Oktober bis Mitte (Mittel- und Oberschulen) oder Ende (Grundschulen) Juni. Sofort anschließend finden die Prüfungen statt; im September die Nachprüfungen.
Wer aus irgendeinem Grund die Oberschule nicht besuchen kann oder will, kann trotzdem am Ende des Jahres in den staatlichen Schulen zu Prüfungen antreten (als „Privatist"), um das staatliche Zeugnis zu erlangen.
Darauf bezieht sich auch die Lage, die in diesem Brief geschildert wird: ein Junge wird von der Lehrerbildungsanstalt „zurückgewiesen".

Der folgende Vorspruch ›Über unsere Schule‹ ist nicht in der ursprünglichen italienischen Ausgabe enthalten. Er wurde nachträglich von allen Schülern gemeinsam geschrieben; die ersten beiden Abschnitte schrieben die jüngsten (11–12 Jahre alt), die folgenden die älteren.

[Anm. d. Verlages]

Über unsere Schule

I Barbiana

Barbiana liegt am Nordhang des Monte Giovi, 470 Meter über dem Meeresspiegel.
Von hier sehen wir unter uns das ganze Mugello-Tal, das von der Sieve — einem Nebenfluß des Arno — durchflossen wird.
Auf der anderen Seite des Mugello-Tales sehen wir die Appenninen-Kette.
Barbiana ist nicht einmal ein Dorf, es ist eine Kirche, und die Häuser sind in den Wäldern und auf den Feldern verstreut.
Die Orte im Gebirge, wie dieser, sind verlassen, ohne Bewohner. Wenn unsere Schule nicht wäre, die unsere Eltern in Barbiana festhält, wäre auch Barbiana verlassen. Im ganzen sind 39 Seelen hiergeblieben.
Unsere Väter sind Bauern oder Arbeiter.
Die Erde ist sehr karg, weil die Regengüsse sie wegtragen und den Felsen freilegen. Das Wasser fließt in die Ebene ab. So essen die Bauern ihre ganze Ernte auf und können nichts verkaufen.
Auch das Leben der Arbeiter ist hart. Sie stehen morgens um fünf Uhr auf, legen sieben Kilometer bis zum Zug zurück und brauchen eineinhalb Stunden Eisenbahnfahrt, bis sie nach Florenz kommen, wo sie als Handlanger arbeiten. Sie kommen abends um halb neun Uhr nach Hause.
In vielen Häusern und auch hier in der Schule fehlt das elektrische Licht und das Wasser. Eine Straße gab es nicht. Wir haben sie einigermaßen hergerichtet, damit ein Auto darauf fahren kann.

II Unsere Schule

Unsere Schule ist privat.
Sie besteht aus zwei Zimmern des Pfarrhauses, und aus zwei weiteren, die uns als Werkstatt dienen.

Im Winter ist es darin etwas eng. Aber von April bis Oktober halten wir im Freien Schule und dann mangelt es uns nicht an Raum.

Jetzt sind wir 29. Drei Mädchen und 26 Jungen.

Nur neun haben ihre Familie in der Pfarrei von Barbiana.

Fünf weitere leben bei Familien von hier zu Gast, weil ihre Häuser zu weit weg sind.

Die anderen fünfzehn stammen aus anderen Pfarreien und kehren jeden Tag nach Hause zurück: einige zu Fuß, einige mit dem Fahrrad, einige mit dem Moped. Mancher kommt von sehr weit, so zum Beispiel Luciano, der zwei Stunden durch den Wald geht, auf dem Hin- und dem Rückweg.

Der jüngste von uns ist 11 Jahre alt, der älteste 18.

Die kleinsten machen die erste Mittelschulklasse. Dann gibt es eine zweite und eine dritte Fachschulklasse.

Die, die die Fachschulklassen abgeschlossen haben, lernen andere Fremdsprachen und technisches Zeichnen. Die Sprachen sind: Französisch, Englisch, Spanisch und Deutsch. Francuccio, der Missionar werden will, beginnt jetzt auch mit dem Arabischen.

Unser Stundenplan geht von 8 Uhr morgens bis halb acht Uhr abends. Nur zum Essen gibt es eine kleine Unterbrechung. Vor acht Uhr morgens arbeiten gewöhnlich jene von uns, die näher wohnen, bei sich zu Hause im Stall oder beim Holzhacken.

Erholungspausen und Spiel gibt es nicht.

Wenn Schnee liegt, fahren wir nach dem Essen ein bißchen Ski, und im Sommer schwimmen wir eine Stunde in einem kleinen Schwimmbecken, das wir selbst gebaut haben.

Das nennen wir nicht Erholung, sondern besonders begeisternde Unterrichtsfächer. Der Pfarrer läßt sie uns lernen, weil sie uns im Leben nützlich sein können.

Wir haben 365 Schultage im Jahr. In den Schaltjahren 366.

Der Sonntag unterscheidet sich von den anderen Schultagen, weil wir die Messe besuchen.

In den zwei Zimmern, die wir Werkstatt nennen, lernen wir Holz und Eisen zu bearbeiten und bauen alle Gegenstände, die für die Schule notwendig sind.

Wir haben 23 Lehrer. Denn außer den sieben Jüngsten unterrichten alle anderen diejenigen, die weniger wissen als sie. Der

Pfarrer unterrichtet nur die Größten. Um Zeugnisse zu bekommen, gehen wir als Privatisten an die staatlichen Schulen, um die Prüfungen abzulegen.

III Warum wir anfangs zur Schule kamen

Bevor wir kamen, wußten weder wir noch unsere Eltern, was die Schule von Barbiana war.

Was wir dachten   Wir sind nicht alle aus demselben Grund hergekommen.
Für uns von Barbiana war es einfach:
Am Morgen gingen wir in die Volksschule, und am Nachmittag mußten wir auf die Felder gehen. Wir beneideten unsere älteren Geschwister, die den Tag in der Schule verbrachten und von fast allen Arbeiten befreit waren. Wir waren immer allein, sie immer in Gesellschaft. Uns Jungen gefällt es, das gleiche wie andere zu tun. Wenn alle spielen: zu spielen; hier wo alle lernen: zu lernen.
Für jene aus den anderen Pfarreien waren die Gründe verschieden:
Fünf von uns sind wider Willen gekommen (Arnaldo sogar zur Strafe). Ganz entgegengesetzt haben zwei von uns ihre Eltern überzeugen müssen, uns (weil wir von unseren Schulen angewidert waren) herzuschicken.
Die meisten von uns hingegen sind im Einverständnis mit den Eltern gekommen.
Fünf, weil sie von nichtssagenden Lehrfächern angezogen wurden, vom Skifahren oder Schwimmen, oder nur um es einem Freund gleich zu tun, der kam.
Die anderen acht, weil sie vor der zwingenden Wahl standen: entweder Schule oder Arbeit. Wir haben die Schule gewählt, um weniger zu arbeiten.
Jedenfalls hatte niemand von uns damit gerechnet hierherzukommen, um ein Zeugnis zu erwerben und eines Tages mehr Geld zu verdienen oder sich weniger bemühen zu müssen. Ein solcher Gedanke wäre uns von selbst nicht gekommen. Wenn er in jemandem steckte, war es durch den Einfluß der Eltern.

Was unsere Eltern dachten   Es scheint jedenfalls so, als wären dies gewöhnlich die Berechnungen der Eltern, wenigstens wenn wir es nach der Weise unserer Eltern beurteilen.

Wir haben sie nichts anderes sagen hören als: »Gib nur ja acht, daß du durchkommst! Wenn du durchkommst, mache ich dir ein Geschenk! Wenn du durchfällst, wirst du was abbekommen! Willst du auf den Feldern arbeiten wie dein Vater? Schau jenen mit dem Zeugnis an, was der sich für eine Stellung erarbeitet hat!«

Wenn man sie hörte, so schien es, als gäbe es auf der Welt kein anderes Problem außer uns selbst, das Geld, den »Platz im Leben«.

Es mag also so aussehen, als erzögen sie uns zum Egoismus. Dagegen geben sie uns in vielen anderen Dingen Beispiele von Selbstlosigkeit: sie helfen bereitwillig dem Nächsten und auch ihre Sorge um uns zeigt uns ständig, daß sie wenig an sich selbst denken. Oft geben ihre Worte nicht ihre wahren Gedanken wieder, sie wiederholen nur, was die Leute gewöhnlich sagen.

IV Warum wir jetzt zur Schule kommen

Langsam, langsam haben wir entdeckt, daß dies eine besondere Schule ist: es gibt keine Zensuren, keine Zeugnisse, keine Gefahr durchzufallen oder wiederholen zu müssen. Mit den vielen Schulstunden und Schultagen, die wir haben, gelingen uns die staatlichen Prüfungen eher leicht, und so können wir uns erlauben, fast das ganze Jahr nicht an sie zu denken. Aber wir vernachlässigen sie nicht ganz, weil wir unsere Eltern mit jenem Fetzen Papier, den sie so sehr schätzen, zufriedenstellen wollen, sonst würden sie uns nicht mehr zur Schule schicken.

Es bleiben uns jedenfalls reichlich Schulstunden übrig, so daß wir die Fächer des Lehrprogramms vertiefen oder neue, begeisterndere lernen können. Diese Schule also, ohne Ängste, tiefer und reicher, hat nach wenigen Tagen jeden von uns begeistert. Nicht nur das: nach wenigen Monaten hat jeder von uns das Wissen selbst liebgewonnen.

Aber wir mußten noch eine Entdeckung machen: das Wissen zu lieben, kann auch Egoismus sein.
Der Pfarrer hält uns ein höheres Ideal vor: das Wissen nur zu suchen, um es im Dienst des Nächsten zu verwenden; zum Beispiel sich als Erwachsener dem Unterricht, der Politik, der Gewerkschaft, dem Apostolat oder ähnlichem zu widmen.
Deswegen sprechen wir oft von den Schwächsten und schlagen uns auf ihre Seite: Afrikaner, Asiaten, Süditaliener, Arbeiter, Bauern, Bergbewohner. Aber der Pfarrer sagt, daß wir auf keinem Gebiet etwas für den Nächsten zu tun vermögen, solange wir uns nicht mitteilen und verständigen können.
Deswegen sind die Sprachen hier, was die Stundenzahl angeht, das Hauptfach.
Vor allem Italienisch, denn sonst könnten wir Fremdsprachen nicht einmal lernen.
Dann soviele Sprachen wie möglich, denn es gibt auf der Welt ja nicht nur uns.
Wir möchten, daß alle Armen der Welt Sprachen lernten, um sich untereinander verstehen und zusammenschließen zu können. So gäbe es keine Unterdrücker mehr, und keine Vaterländer und keine Kriege.

V *Vom Reden zum Tun ist ein weiter Weg*

Uns allen würde es gefallen, heute und unser ganzes Leben lang auf der Höhe dieser Ideale zu leben. Aber unter dem Druck der Eltern, der bürgerlichen Welt und eines gewissen Egoismus unsererseits sind wir ständig versucht, wieder in das bloße Interesse an uns selbst zurückzufallen.

Unsere Schwäche Einer der ältesten von uns zum Beispiel, der in Mathematik schon sehr gut war, verbrachte Nächte, um sie noch weiter zu studieren. Ein anderer hat sich nach sieben Jahren Schule hier entschlossen, sich an der Universität für Elektrotechnik einzuschreiben.
Einigen von uns kann es manchmal passieren, daß wir eine Diskussion beiseite lassen, um ein Moped zu bestaunen, genauso wie die Jungen von der Stadt.

Und wenn wir außer dem Moped noch blödere Dinge zur Verfügung hätten (wie einen Fernseher oder Fußball), könnten wir Euch nicht versprechen, daß nicht manch einer schwach genug wäre, damit manche halbe Stunde zu vertun.

Der Druck der Eltern und der Umwelt Zu unserer Verteidigung zählt jedoch der Umstand, daß jeder von uns frei ist, jeden Augenblick die Schule zu verlassen und wegzugehen, um zu arbeiten und Geld auszugeben, wie es in der Welt üblich ist.

Wenn wir es nicht tun, glaubt nur ja nicht, es sei wegen des Drucks unserer Eltern. Ganz im Gegenteil! Besonders jene unter uns, die schon die Mittelschule abgeschlossen haben, sind ständig im Gegensatz zur Familie, die uns drängen will, zu arbeiten und Karriere zu machen. Wenn wir zuhause sagen, daß wir unser Leben dem Dienst am Nächsten widmen wollen, dann rümpfen sie die Nase, auch wenn sie vielleicht behaupten, Kommunisten zu sein.

Nicht sie haben Schuld, sondern die bürgerliche Welt, in der auch die Armen versunken sind.

Diese Welt übt auf sie wie auf uns Druck aus.

Aber wir wehren uns dank der Schule, die wir hatten, während sie, die Armen, weder diese, noch eine andere Schule gehabt haben.

Im Hof der Schülerschule

Erster Teil
Die Pflichtschule darf nicht durchfallen lassen

Liebe Frau Oberschullehrerin,
Sie werden von mir nicht einmal mehr den Namen wissen.
Sie haben ja viele durchfallen lassen.
Ich hingegen habe oft an Sie zurückgedacht, an Ihre Kollegen,
an jene Institution, die Ihr Schule nennt, an die Jungen, die
Ihr »zurückweist«. Ihr weist uns in die Äcker und Fabriken zurück und vergeßt uns.

die Schüchternheit Vor zwei Jahren, in der ersten Klasse
der Lehrerbildungsanstalt, flößten Sie mir Schüchternheit ein.
Übrigens hat die Schüchternheit mein ganzes Leben begleitet.
Als Kind hob ich die Augen nicht von der Erde. Ich schlurfte
die Wände entlang, um nicht gesehen zu werden.
Zuerst glaubte ich, das sei eine persönliche Krankheit von
mir oder höchstens meiner Familie: meine Mutter gehört zu
denen, die schon vor einem Telegrammformular scheu werden; der Vater sieht und hört zu, aber er spricht nicht.
Später habe ich geglaubt, die Schüchternheit sei die Krankheit der Bergbewohner. Die Bauern aus der Ebene schienen
mir selbstsicherer, von den Arbeitern gar nicht zu reden.
Jetzt habe ich aber gesehen, daß die Arbeiter den Herrensöhnchen alle verantwortlichen Posten in den Parteien und
alle Sitze im Parlament überlassen.
Also sind sie wie wir. Und die Schüchternheit der Armen ist
ein viel älteres Geheimnis. Nicht einmal ich kann es Ihnen
erklären, der ich doch daran teilhabe. Vielleicht ist es weder
Feigheit noch Heldentum. Es ist nur das Fehlen von Anmaßung.

Die Leute vom Berg

die Einheitsklasse In der Volksschule bot mir der Staat
eine Schule zweiter Kategorie. Fünf Klassen in einem einzi-

gen Klassenzimmer. Ein Fünftel der Schule, auf die ich Anspruch hatte.
Es ist das System, das sie in Amerika anwenden, um Unterschiede zwischen Weißen und Schwarzen zu schaffen. Eine schlechtere Schule für die Armen schon von klein auf.

Pflichtschule Am Ende der Volksschule hatte ich Anrecht auf drei weitere Schuljahre. Mehr noch, die Verfassung sagt, daß ich die Pflicht hatte, sie zu besuchen. Aber in Vicchio[1] gab es noch keine Mittelschule. Bis nach Borgo zu gehen, war ein richtiges Unterfangen. Wer es dennoch versucht hatte, der hatte einen Haufen Geld ausgegeben und war am Ende trotzdem wie ein Hund zurückgewiesen worden.
Meinen Eltern hatte die Lehrerin außerdem gesagt, sie sollten kein Geld verschwenden: »Schickt ihn auf die Felder. Er eignet sich nicht zum Lernen.«
Der Vater antwortete ihr nicht. Bei sich dachte er: »Würden wir in Barbiana wohnen, wäre er geeignet.«

Barbiana In Barbiana gingen alle Jungen beim Pfarrer[2] zur Schule. Von frühmorgens bis zur Dunkelheit, Sommer und Winter. Dort war für niemanden das Lernen »aussichtslos«.
Aber wir waren von einer anderen Pfarrgemeinde und wohnten weit weg. Der Vater war schon daran, es aufzugeben. Da erfuhr er, daß auch ein Junge von S. Martino dorthin ging. So machte er sich Mut und ging, um sich einmal umzuhören.

der Wald Als er zurückkam, sah ich, daß er mir eine Taschenlampe für den Abend, einen verschließbaren Suppentopf und Gummistiefel für den Schnee gekauft hatte.
Am ersten Tag begleitete er mich selbst. Wir brauchten zwei Stunden, denn wir bahnten uns den Weg mit Hacke und Sichel. Dann lernte ich, ihn in kaum mehr als einer Stunde zurückzulegen.
Ich kam nur an zwei Häusern vorüber. Mit zerbrochenen Fensterscheiben, erst seit kurzem verlassen.[3] Dann und wann begann ich zu laufen, wegen einer Schlange oder wegen eines Irren, der allein oben bei der »Rocca« lebte und mir von weitem nachrief.

Ich war elf Jahre alt. Sie wären vor Angst gestorben. Sehen Sie? Jeder hat seine Ängste. Also sind wir gleich.
Aber nur so lange, wie jeder bei sich zuhause bleibt. Oder wenn Sie bei uns Prüfungen ablegen müßten. Aber das müssen Sie ja nicht.

die Tische Barbiana schien mir, als ich ankam, gar keine Schule. Kein Katheder, keine Tafel, keine Schulbänke. Nur große Tische, um die herum Schule gehalten und gegessen wurde.
Von jedem Buch gab es nur ein Exemplar. Die Jungen drängten sich darüber. Man merkte kaum, daß einer etwas größer war und unterrichtete.
Der älteste jener Lehrer war sechzehn Jahre alt. Der jüngste zwölf, und ich war voll Bewunderung für ihn. Vom ersten Tag an beschloß ich, daß auch ich einmal unterrichten würde.

vorgezogen Das Leben war auch dort oben hart. Disziplin und Szenen, die einem schon die Lust zum Wiederkommen nehmen konnten.
Wem aber die Grundlagen fehlten und wer langsam oder faul war, der fühlte sich vorgezogen. Er wurde aufgenommen, wie Ihr den Klassenersten aufnehmt. Es war, als ob die Schule ganz für ihn da wäre. Solange er nicht verstanden hatte, gingen auch die anderen nicht weiter.

die Erholungspause Es gab keine Erholungspause. Nicht einmal sonntags war schulfrei.
Niemandem von uns bereitete das große Sorge, denn arbeiten ist schlimmer. Aber jeder Bourgeois, der uns besuchen kam, eröffnete über diesen Punkt eine Polemik.
Ein hochgelehrter Professor sagte: »Sie, Hochwürden, haben nicht Pädagogik studiert. Polianski sagt, daß der Sport für den Jungen eine physiopsy ... Notwendigkeit ist.«*
Er sprach, ohne uns anzusehen. Wer Pädagogik an der Uni-

---

* *Polianski:* wir wissen nicht, wer das ist, aber es wird wohl ein berühmter Erzieher sein.
Pädagogik: die Kunst, junge Menschen zu erziehen.
physiopsy . . .: Teil eines der großen Worte, die der Professor gebrauchte, und das wir nicht vollständig behalten haben.

versität lehrt, braucht die Jungen nicht anzusehen. Er kennt sie alle auswendig, so wie wir das Einmaleins.
Endlich ging er weg, und Lucio, der 36 Kühe im Stall hatte, sagte: »Die Schule ist jedenfalls immer noch besser als Stallmist.«

die Bauern in der Welt Diesen Satz müßte man auf die Tore Eurer Schulen meißeln. Millionen von Bauernjungen sind bereit, ihn zu unterschreiben.
Daß die Jungen die Schule hassen und das Spiel lieben, das behauptet Ihr. Uns Bauern habt Ihr nicht befragt. Aber wir sind eine Milliarde und neunhundert Millionen.* Sechs Jungen von zehn denken genauso wie Lucio. Von den anderen vier weiß man es nicht.
So ist Eure ganze Bildung aufgebaut. Als ob Ihr allein die Welt wärt.

Jungen als Lehrer Im Jahr darauf war ich Lehrer. Das heißt, ich war es drei Halbtage pro Woche. Ich lehrte Geographie, Mathematik und Französisch in der ersten Mittelschulklasse.
Um den Atlas oder Bruchrechnungen zu erklären, braucht man kein Diplom.
Wenn ich mich irrte, war das nicht weiter schlimm. Es war sogar eine Erleichterung für die Jungen. Wir suchten gemeinsam. Die Stunden vergingen ohne Angst und ohne Schüchternheit. Sie können nicht so Schule halten wie ich.

Politik oder Geiz Außerdem lernte ich viel beim Unterrichten.
Zum Beispiel habe ich gelernt, daß das Problem der anderen auch meins ist. Wenn wir es gemeinsam lösen, so ist das Politik. Löst man es für sich selbst, allein, so ist das Geiz.
Gegen den Geiz war ich beileibe nicht gefeit. Während der Tage unmittelbar vor den Prüfungen an der öffentlichen Schule[4] hatte ich Lust, die Kleinen zum Teufel zu schicken und für mich selbst zu lernen. Ich war ein Junge wie die

---

* Wir haben in dieser Zahl auch jene mitgezählt, denen es noch schlechter geht als den Bauern: Jäger, Fischer, Hirten („Compendium of Social Statistics", UNO, New York 1963).

Euren, aber dort oben konnte ich das weder vor den anderen, noch vor mir selbst zugeben. Ich mußte großherzig sein, auch wenn ich es gerade nicht war.

Das wird Euch wenig scheinen. Aber mit Euren Jungen tut Ihr noch weniger. Ihr verlangt nichts von ihnen. Ihr fordert sie nur auf, Karriere zu machen.

Die Jungen vom Dorf

verklemmt Nach der Einrichtung einer Mittelschule in Vicchio kamen auch Jungen aus dem Dorf nach Barbiana. Lauter Durchgefallene, natürlich.

Für sie gab es das Problem der Schüchternheit offenbar gar nicht. Aber sie waren in anderen Sachen verklemmt.

Zum Beispiel betrachteten sie das Spiel und die Ferien als ein Recht, die Schule als ein Opfer. Sie hatten nie gehört, daß man in die Schule geht um zu lernen, und daß es ein Privileg ist, sie besuchen zu können.

Für sie stand der Lehrer auf der anderen Seite der Barrikade, und es war richtig, ihn zu betrügen. Sie versuchten sogar, voneinander abzuschreiben. Es brauchte einige Zeit, bis sie begriffen, daß es kein Klassenbuch gab.

das Hähnchen Dieselben Heimlichkeiten über geschlechtliche Dinge. Sie glaubten, daß man darüber im verborgenen sprechen müsse. Wenn sie ein Hähnchen auf einer Henne sahen, stießen sie sich mit den Ellbogen an, als hätten sie einen Ehebruch gesehen.

Immerhin war dies am Anfang das einzige Unterrichtsfach, das sie aufwecken konnte. Wir hatten ein Anatomie-Buch*. Sie zogen sich in eine Ecke zurück, um es zu betrachten. Zwei Seiten waren ganz abgegriffen.

Später entdeckten sie, daß auch andere Seiten ganz schön sind. Dann merkten sie, daß auch Geschichte schön ist.

Mancher ist dann nicht mehr stehengeblieben. Jetzt hat er für alles Interesse. Er hält Schule für die Kleineren, er ist wie wir geworden.

---

* *Anatomie-Buch:* Buch, das die Medizinstudenten verwenden. Man studiert darin Stück für Stück den menschlichen Körper.

Bei manchen ist es Euch allerdings gelungen, daß sie noch einmal erstarrten.

die Mädchen   Von den Mädchen des Dorfes kam nicht einmal eines. Vielleicht lag die Schwierigkeit am Weg. Vielleicht in der Mentalität der Eltern. Sie glauben, eine Frau könne auch mit einem Spatzengehirn leben. Die Männer verlangen ja nicht, daß sie intelligent sei.
Auch das ist Rassismus. Aber diesbezüglich haben wir Euch keinen Vorwurf zu machen. Ihr Lehrer schätzt die Mädchen mehr als die Eltern selbst*.

Sandro und Gianni   Sandro war 15 Jahre alt. Einen Meter siebzig groß, gedemütigt, erwachsen. Die Lehrer hatten ihn als Schwachkopf beurteilt. Sie wollten, daß er die erste Klasse zum dritten Male wiederhole.
Gianni war 14 Jahre alt. Gedankenlos, allergisch gegen das Lesen. Die Lehrer hatten ihn als Taugenichts hingestellt. Und sie hatten nicht ganz unrecht, aber das ist kein Grund, ihn sich vom Hals zu schaffen.
Weder der eine noch der andere hatte die Absicht, die Klasse zu wiederholen. Sie waren soweit, sich nach der Werkstatt zu sehnen. Zu uns sind sie nur gekommen, weil wir Eure Zurückweisungen ignorieren und jeden Jungen in die seinem Alter entsprechende Klasse versetzen.
So kam Sandro in die dritte und Gianni in die zweite. Das war die erste schulische Befriedigung ihres armseligen Lebens. Sandro wird für immer daran denken. Gianni erinnert sich jeden zweiten Tag daran.

das kleine Mädchen mit den Schwefelhölzchen   Die zweite Befriedigung war: endlich ein anderer Unterrichtsstoff. Ihr wolltet sie beim Streben nach Vollkommenheit festnageln. Eine Vollkommenheit, die aber widersinnig ist, denn sie zwingt den Jungen dazu, immer das Gleiche bis zum Überdruß zu hören, während er doch inzwischen heranwächst. Der

---

* 1962—63 z. B. wurden in der 1. Klasse der Mittelschule 65,2 % der Knaben und 70,9 % der Mädchen versetzt. In der 2. Klasse der Mittelschule 72,9 % der Knaben und 80,5 % der Mädchen (aus: Annuario statistico dell'istruzione — Jahrbuch für Bildungsstatistik —, 1965, S. 81).

Stoff bleibt immer derselbe, er aber ändert sich. In seinen
Händen wird er kindisch.
In der ersten zum Beispiel hättet Ihr ihm zum zweiten oder
dritten Mal »Das kleine Mädchen mit den Schwefelhölzern«
und das Gedicht vom Schnee, der schneit und schneit und
schneit vorgelesen*. In der zweiten und dritten lest ihr dafür
Sachen, die für Erwachsene geschrieben sind.
Gianni war nicht sicher, wann die Dehnung mit »h« oder mit
»ie« zu schreiben ist. Doch von der Welt der Großen wußte
er viel. Von der Arbeit, von den Familien, vom Leben des
Dorfes. Manchen Abend ging er mit seinem Vater zur kommunistischen Sektion oder zu den Sitzungen des Gemeinderates.
Ihr habt ihm mit Euren Griechen und Römern die ganze
Geschichte verhaßt gemacht. Uns hörte er über den letzten
Krieg vier Stunden lang atemlos zu.
In Geographie hättet Ihr ihn gezwungen, ein zweites Mal
Italien zu behandeln. Er hätte dann die Schule verlassen, ohne
von der gesamten übrigen Welt etwas zu hören. Ihr hättet
ihm damit einen großen Schaden zugefügt. Nur schon im Hinblick auf das Zeitungslesen.

du kannst dich nicht ausdrücken   Sandro begeisterte sich
in kurzer Zeit für alles. Vormittags machte er das Programm
der dritten mit. Dabei schrieb er sich die Dinge auf, die er
nicht wußte, und am Nachmittag kramte er in den Büchern
der ersten und zweiten. Im Juni trat der »Schwachkopf« zur
Prüfung für die dritte Mittelschulklasse an, und Ihr mußtet
ihn befördern.
Gianni war schwieriger. Er war als Analphabet aus Eurer
Schule gekommen und haßte die Bücher.
Wir unternahmen wahre Kunststücke für ihn. Es gelang, ihn
dazu zu bringen, nicht gerade alle, aber immerhin einige
Fächer gern zu haben. Es fehlte uns nur, daß Ihr ihn mit Lob
überhäuftet und in die dritte Klasse versetztet. Nachher hät-

---

* *Das kleine Mädchen mit den Schwefelhölzchen:* Märchen von Hans
Christian Andersen, dänischer Schriftsteller aus dem 19. Jahrhundert.
Der Schnee schneit und schneit und schneit: [ital: La neve fiocca, fiocca,
fiocca]: Vers aus einem Gedicht von Giovanni Pascoli, italienischer Dichter
aus dem 19. Jahrhundert.

ten wir schon dafür gesorgt, daß er sich auch für die übrigen Fächer begeistert.

Bei der Prüfung aber sagte ihm eine Lehrerin: »Warum besuchst du auch eine Privatschule? Du siehst ja, daß du dich nicht ausdrücken kannst!« ». . .«*.

Das weiß auch ich, daß Gianni sich nicht ausdrücken kann. Schlagen wir uns alle an die Brust. Aber zuerst Ihr, die Ihr ihn ein Jahr vorher aus der Schule geworfen habt.

Schön, Eure Kur!

ohne Unterschied der Sprache Übrigens müßte man sich erst einigen, was man unter korrekter Sprache versteht. Die Sprachen werden von den Armen geschaffen, die sie dann immer wieder weiterbilden und erneuern. Die Reichen hingegen legen sie fest, um jene verspotten zu können, die nicht so sprechen wie sie. Oder um sie durchfallen zu lassen.

Ihr sagt, daß Pierino, der Sohn des Doktors, gut schreibt. Klar, er spricht wie Ihr. Er gehört gewissermaßen zur Firma. Die Sprache aber, die Gianni spricht und schreibt, ist jene seines Vaters. Als Gianni klein war, nannte er das Radio »lalla«. Und der Vater meinte, ernsthaft: »Man sagt nicht ›lalla‹, man sagt der ›aradio‹.«

Nun mag es gut sein, daß Gianni auch lernt, Radio zu sagen. Eure Sprache könnte ihm nützlich sein. Aber inzwischen könnt Ihr ihn nicht aus der Schule vertreiben.

»Alle Bürger sind gleich, ohne Unterschied der Sprache.« So hat es die Verfassung bestimmt, und dabei an ihn gedacht.**

folgsamer Hampelmann Aber ihr schätzt die Grammatik mehr als die Verfassung. Und so ist Gianni auch nicht mehr zu uns zurückgekehrt.

Wir können uns damit nicht abfinden. Wir beobachten ihn von weitem. Wir haben erfahren, daß er nicht mehr zur Kirche geht und auch nicht zur Sektion irgend einer Partei. Er geht in die Werkstatt und macht dort sauber. In den freien Stun-

---

* Hier wollten wir das Wort einsetzen, das uns an jenem Tag über die Lippen kam. Aber der Verleger will es nicht drucken.
** In Wirklichkeit dachten die Abgeordneten der Verfassunggebenden Versammlung an die Deutschen in Südtirol; aber ohne es zu wollen, dachten sie auch an Gianni.

den folgt er der Mode wie ein gefügiger Hampelmann. Samstag zum Tanz, Sonntag ins Sportstadion.
Ihr wißt von ihm nicht einmal, daß er existiert.

das Krankenhaus So war unsere erste Begegnung mit Euch. Durch die Jungen, die Ihr nicht wollt.
Auch wir haben es gemerkt, daß mit ihnen die Schule schwieriger wird. Manchmal kommt einen die Versuchung an, sie sich vom Halse zu schaffen. Aber wenn man sie verliert, ist die Schule ja keine Schule mehr. Dann ist sie ein Krankenhaus, das die Gesunden pflegt und die Kranken abweist. Sie wird zu einem Werkzeug, das immer unheilbarere Unterschiede schafft.
Und Ihr fühlt Euch berufen, diese Rolle in der Welt zu spielen? Dann ruft sie doch zurück, gebt nicht nach, beginnt wieder von vorn, viele Male, mag man Euch auch für verrückt halten.
Lieber für verrückt gehalten werden, als ein Werkzeug der Rassendiskriminierung sein.

Die Prüfungen

die Regeln des Schreibens Im Juni, nach drei Jahren Barbiana, trat ich als Privatist zur Abschlußprüfung für die Mittelschule an.
Das Aufsatzthema hieß: »Die Eisenbahnwaggons erzählen.«
In Barbiana hatte ich gelernt, daß für das Schreiben folgende Regeln gelten: etwas Wichtigeres zu sagen haben, und nützlich für viele oder alle. Wissen, für wen man schreibt. Alles zusammentragen, was nützt. Einen logischen Faden herausfinden und danach ordnen. Jedes Wort streichen, das nichts nützt. Jedes Wort streichen, das wir beim Sprechen nicht verwenden. Sich keiner Zeitbegrenzung unterwerfen.
So schreibe ich mit meinen Kameraden diesen Brief. Ich hoffe, daß meine Schüler so schreiben werden, wenn ich einmal Lehrer bin.

das Messer in Euren Händen Was sollte ich gegenüber einem derartigen Aufsatzthema mit den bescheidenen und

gesunden Regeln der Kunst aller Zeiten anfangen? Wollte ich ehrlich sein, mußte ich das Blatt weiß abgeben. Oder das Aufsatzthema und den, der es mir gestellt hatte, kritisieren.
Aber ich war vierzehn Jahre alt und kam vom Berg. Um die Lehrerbildungsanstalt besuchen zu können, brauchte ich den Mittelschulabschluß. Dieser Fetzen Papier aber war in der Hand von fünf oder sechs Menschen, die meinem Leben und fast all dem, was ich liebte und wußte, fern standen. Zerstreute Leute, die aber den Messergriff in der Hand hielten.
So strengte ich mich also an, so zu schreiben, wie Ihr es wollt. Ich glaube gern, daß mir das nicht gelang. Klar, daß das Geschreibsel Eurer jungen Herren flüssiger war, sie waren schon geübt, leere Worte zu dreschen und Gemeinplätze wiederzukäuen.

besessene Fallensteller Die Französischaufgabe war eine Ansammlung von Ausnahmen. Die Prüfungen gehören abgeschafft. Aber wenn Ihr sie schon durchführt, dann seid wenigstens redlich. Schwierigkeiten muß man im selben Prozentsatz vorkommen lassen, wie sie auch im wirklichen Leben vorkommen. Wenn Ihr sie häufiger hineinsteckt, seid Ihr besessene Fallensteller. Als ob Ihr gegen die Jungen Krieg führtet. Für wen tut Ihr das? Für ihr Wohl?

Nachteulen, Kieselsteine und Fächer Für ihr Wohl nicht. Ein Junge kam mit einer Neun durch, der in Frankreich nicht einmal nach dem Abort hätte fragen können.
Er wußte nur nach der Nachteule, dem Kieselstein und dem Fächer zu fragen, und zwar in Einzahl und Mehrzahl*. Er wird im ganzen etwa zweihundert Vokabeln gewußt haben, die nach dem Gesichtspunkt der Ausnahmen und nicht des häufigen Vorkommens ausgewählt waren.
Das Ergebnis war, daß er auch Französisch haßte, so wie man Mathematik hassen könnte.

der Zweck Ich habe die Sprachen nach Schallplatten gelernt. Ohne es überhaupt zu merken, habe ich so zuerst die

---

* *Nachteulen, Kieselsteine und Fächer:* diese drei Wörter sind im Französischen schwieriger als die anderen. Die altmodischen Lehrer lassen sie schon von den ersten Schultagen an auswendiglernen.

nützlichsten und häufigsten Dinge gelernt. Genau so, wie man die Muttersprache lernt.
In jenem Sommer war ich in Grenoble* zum Tellerspülen in einem Gasthaus gewesen. Ich hatte mich sofort heimisch gefühlt. In den Jugendherbergen hatte ich mich mit Jungen aus Europa und Afrika unterhalten.
Als ich zurückkam, war ich entschlossen, mit Volldampf Sprachen zu lernen. Lieber viele Sprachen schlecht, als nur eine gut. Um sich nur mit allen verständigen zu können, neue Menschen und Probleme kennenzulernen und über die heiligen Grenzen der Vaterländer[5] zu lachen.

die Mittel In den drei Jahren der Mittelschule hatten wir zwei Sprachen statt einer gemacht: Französisch und Englisch. Wir hatten einen Wortschatz, der ausreichte, jede Diskussion mitzumachen.
Wenn man sich nur nicht lange bei irgend welchen Grammatikfehlern aufhält. Aber die Grammatik taucht eigentlich bloß beim Schreiben auf. Beim Lesen und Sprechen kommt man auch ohne sie aus. Später kann sie ja lernen wer will.
Dasselbe machen wir übrigens mit unserer eigenen Sprache. Die erste Grammatikstunde hat man acht Jahre nachdem man sie spricht. Und drei Jahre nachdem man sie liest und schreibt.
In den neuen Lehrprogrammen der Mittelschule sind die Schallplatten auch für Euch empfohlen. Schallplatten aber eignen sich für eine Ganztagsschule, in der man die Sprachen zur Zerstreuung in Stunden der Müdigkeit lernt. Einige Stunden täglich, sieben Tage in der Woche. Und nicht drei Stunden wöchentlich, wie bei Euch.
In Eurer Lage ist es sogar besser, sie nicht zu verwenden.

die Loire-Schlösser Bei den mündlichen Prüfungen[6] gab es eine Überraschung. Eure Jungen schienen Abgründe an französischer Kultur zu sein. So sprachen Sie zum Beispiel mit Sicherheit von den Loire-Schlössern**.
Später kam man darauf, daß sie im ganzen Jahr nur *das* gemacht hatten. Ferner standen einige Text-Abschnitte auf

---

* *Grenoble:* Stadt in Frankreich.
** *Loire:* Fluß in Frankreich.

ihrem Lehrprogramm, die sie zu lesen und übersetzen wußten.
Wenn gerade ein Schulinspektor hinzugekommen wäre, hätten sie sicher besser dagestanden als wir. Der Inspektor geht ja nicht über das Programm hinaus. Und dennoch wißt Ihr und weiß er, daß jenes Französisch zu nichts nütze ist. Für wen macht Ihr es dann? Ihr für den Inspektor. Er für den Schulamtsleiter. Der wiederum für den Minister.
Das ist der entmutigendste Zug Eurer Schule: sie lebt als Selbstzweck dahin.

schon mit zwölf Jahren Karrieremacher Auch das Ziel Eurer Jungen ist ein Rätsel. Vielleicht existiert es nicht, vielleicht ist es vulgär.
Tag für Tag lernen sie für das Klassenbuch, für das Zeugnis, für das Diplom. Und lassen sich unterdessen von den schönen Sachen ablenken, die sie lernen. Sprachen, Geschichte, Naturkunde: alles wird zur Zensurnote und nichts weiter.
Hinter diesem Fetzen Papier steckt nur der Eigennutz. Das Abschlußzeugnis ist Geld. Niemand von Euch sagt das. Aber letzten Endes läuft es doch *darauf* hinaus.
Um in Euren Schulen gerne zu lernen, müßte man schon mit zwölf Jahren Streber sein.
Mit zwölf Jahren gibt es noch wenig Streber. So haßt auch die Mehrzahl Eurer Jungen die Schule. Eure vulgäre Einladung verdient auch keine andere Antwort.

Englisch Im Klassenzimmer nebenan war eine Abteilung mit Englisch als Prüfungsfach. Schlimmer dran als je.
Das weiß auch ich, daß Englisch nützlicher ist. Wenn man es kann. Nicht aber, wenn man gerade erst anfängt, und so, wie Ihr das macht. Noch ärger als Nachteulen und Kieselsteine! Sie konnten nicht einmal »guten Abend« sagen. Und waren für immer entmutigt.
Die erste Fremdsprache ist ein Erlebnis im Leben eines Jungen. Sie muß ein Erfolg sein, sonst wehe!
Wir haben gesehen, daß das für uns praktisch nur mit dem Französischen möglich ist. Jedesmal wenn ein ausländischer Gast zu uns kam, der französisch sprach, gab es irgend einen Jungen, der die Freude des Verstehens entdeckte. Noch am

selben Abend sah man ihn die Schallplatten für eine dritte
Sprache in die Hand nehmen.
Das Wesentliche hatte er nun: Lust zum Lernen, die Sicherheit, daß es gelingen kann und den in Sprachproblemen schon
geschulten Verstand.

Mathematik und Sadismus   Die Aufgabe in Geometrie
erinnerte an eine Skulptur der Biennale von Venedig: »Ein
Körper besteht aus einer Halbkugel über einem Zylinder,
dessen Oberfläche drei Siebtel jener der Halbkugel betragen...«
Es gibt kein Gerät, das Oberflächen mißt. Somit kann es im
wirklichen Leben nie vorkommen, daß man die Oberflächenmaße kennt und nicht die Längen. Eine derartige Aufgabe
kann nur im Hirn eines Verrückten entstehen.

neue Etiketten   In der reformierten Mittelschule wird
es solche Dinge nicht mehr geben. Die Aufgaben werden »von
Erwägungen praktischer Art« ausgehen.
Und tatsächlich wurde Carla in diesem Jahr bei der Mittelschulprüfung vor eine moderne Aufgabe gestellt, die von
Heizkörpern ausging: »Ein Heizkörper hat die Form einer
Halbkugel über...« und wieder beginnt man bei den Flächenmaßen.
Besser ein altmodischer Lehrer als einer, der glaubt modern
zu sein, weil er neue Etiketten verwendet.

eine Klasse von Schwachköpfen   Unserer war altmodisch. Unter anderem passierte es ihm, daß keinem seiner
Jungen die Lösung einer Aufgabe gelang. Von unseren
schafften es zwei von vier. Ergebnis: sechsundzwanzig Zurückgewiesene von achtundzwanzig.
Er erzählte herum, daß ihm eine Klasse von Schwachköpfen
zugefallen sei!

die Gewerkschaft der Väter   Wem hätte es zugestanden,
einem solchen Menschen Einhalt zu gebieten?
Der Direktor hätte es tun können, oder der Schulrat[7]. Aber
sie haben es nicht getan.
Die Eltern hätten es tun können. Aber solange Ihr das Heft

des Messers in der Hand haltet, werden die Eltern still sein. Dann muß man also entweder Euch jedes Messer (Zensuren, Zeugnisse, Prüfungen) aus der Hand nehmen oder die Eltern organisieren.
Eine ordentliche Gewerkschaft von Vätern und Müttern, die imstande sein muß, Euch zu erinnern, daß wir Euch bezahlen, und daß wir Euch bezahlen, um uns zu dienen, nicht um uns hinauszuwerfen.
Das wäre zuletzt zu Eurem Besten. Wer nie von Kritik getroffen wird, altert übel. Er verliert den Kontakt zur Geschichte, die lebt und fortschreitet. Er wird zu einem so armseligen Geschöpf, wie Ihr es seid.

die Zeitung Die Geschichte des letzten halben Jahrhunderts war die, die ich am besten kannte. Russische Revolution, Faschismus, Krieg, Widerstand, Befreiung Afrikas und Asiens. Die Geschichte, in der mein Großvater und Vater gelebt haben.
Ferner kannte ich die Geschichte gut, in der ich lebe. Nämlich die Zeitung, die wir in Barbiana jeden Tag, laut, von vorne bis hinten durchlasen.
Wenn Prüfungen bevorstehen, muß jeder die zwei Stunden Schule, die man für die Zeitung aufwenden muß, seinem Geiz abringen. Denn in der Zeitung findet man nichts, was einem bei Euren Prüfungen nützen könnte. Das ist der Beweis dafür, daß es in Eurer Schule wenig gibt, was im Leben nützt.
Gerade deshalb muß man sie lesen. Das bedeutet, Euch ins Gesicht zu schreien, daß ein dreckiges Zeugnis es nicht vermocht hat, uns in Tiere zu verwandeln. Wir wollen das Zeugnis nur für unsere Eltern. Politik aber und Zeitgeschehen — nämlich die Leiden der anderen — sind wichtiger als Ihr und wir.

die Verfassung Jene Oberschul-Lehrerin hatte beim ersten Weltkrieg aufgehört. Genau an jenem Punkt, an dem die Schule an das Leben anknüpfen konnte. Und das ganze Jahr hindurch hatte sie mit der Klasse nie eine Zeitung gelesen. Es müssen ihr jene faschistischen Wandaufschriften[8] in den Augen geblieben sein, auf denen stand: »Hier spricht man nicht über Politik.«

Einmal sagte die Mutter von Giampiero zu ihr: »Und doch scheint mir, daß sich der Bub sehr gebessert hat, seit er zur Ergänzungsschule[9] der Gemeinde geht. Abends, zuhause, sehe ich, daß er liest.« »Er liest? Wissen Sie, was er liest? Die VERFASSUNG! Voriges Jahr hatte er die Mädchen im Kopf, jetzt die Verfassung.«
Die arme Frau meinte, das sei ein schmutziges Buch. Am Abend wollte sie Giampiero von seinem Vater verhauen lassen.

Monti Dieselbe Oberschul-Lehrerin wollte im Italienischunterricht unbedingt die merkwürdigen Fabeln Homers[10]. Aber wäre es wenigstens Homer gewesen. Es war aber Monti*.
In Barbiana hatten wir das nicht gelesen. Nur einmal, zum Spaß, nahmen wir den griechischen Text und zählten die Worte eines Gesanges. Hunderteinundvierzig auf hundert! Auf drei Worte sind also zwei von Homer, während eines dem Köpfchen Montis entsprungen ist.
Und Monti, wer ist das schon? Einer, der uns etwas zu sagen hat? Einer, der die Sprache spricht, die wir brauchen? Schlimmer noch: er ist einer, der eine Sprache schrieb, die nicht einmal zu seiner Zeit gesprochen wurde.
Eines Tages brachte ich einem Jungen, der eben aus Eurer Mittelschule vertrieben worden war, Geographie bei. Er wußte wirklich gar nichts, aber statt Gibraltar sagte er »Herkulessäulen«**.
Können Sie sich den vorstellen, etwa wie er in Spanien an einem Bahnschalter eine Fahrkarte verlangt?

Dringlichkeitsstufen Wenn man wenig Schulzeit zur Verfügung hat, muß man den Lehrplan so einrichten, daß man streng auf Dringliches Rücksicht nimmt.
Der Doktorsohn Pierino hat Zeit, auch Novellen zu lesen.

---

* *Homer:* antiker griechischer Dichter, Verfasser der „Ilias" und der „Odyssee".
Vincenzo Monti: Dichter um 1800. Er hat die „Ilias" ins Italienische übersetzt.
** *Herkulessäulen:* die antiken Dichter bezeichneten damit die Meerenge von Gibraltar. Das ist die Durchfahrt vom Mittelmeer zum Atlantischen Ozean.

Gianni nicht. Er ist mit 15 Jahren Euren Händen entlaufen. Er ist in der Werkstatt. Für ihn ist es nicht wichtig zu wissen, ob Zeus die Athene geboren hat oder umgekehrt*.
In seinem Italienischprogramm stünde lieber der Tarifvertrag der Metallarbeiter. Haben Sie ihn gelesen, Frau Lehrerin? Und Sie schämen sich nicht? Er ist das Leben für eine halbe Million von Familien.
Daß Ihr gebildet seid, redet Ihr Euch selbst ein. Ihr habt alle dieselben Bücher gelesen. Es gibt niemanden, der Euch etwas anderes fragen würde.

unglückliche Jungen Bei der Turnprüfung warf uns der Lehrer einen Ball zu und sagte uns: »Spielt Korbball.« Wir konnten das nicht. Der Lehrer schaute uns mit Verachtung an: »Unglückliche Jungen.«
Auch er wie Ihr. Ihm schien es wichtig, in einem konventionellen Ritus Geschicklichkeit zu zeigen. Er sagte zum Direktor, daß es uns an »Leibeserziehung« fehle und wollte uns auf die Wiederholungsprüfung verweisen.
Jeder von uns konnte auf eine Eiche klettern. Oben die Hände loslassen und mit Axthieben auch einen zentnerschweren Ast herunterhauen. Ihn dann durch den Schnee bis nach Hause bis vor die Füße der Mutter schleifen.
Man hat mir von einem Herrn aus Florenz erzählt, der mit einem Aufzug seine Wohnung erreicht. Überdies hat er sich ein weiteres kostspieliges Gerät gekauft und tut damit so, als ob er rudere. Ihr würdet ihm in Turnen bestimmt eine Zehn geben.

Latein im Mugello Latein[11] konnten wir natürlich wenig. Im Abgeordnetenhaus hatte man es schon seit zwei Jahren begraben**. Gerade in diesem Jahr hatte man sogar in Cambridge und Oxford aufgehört, es zu verlangen***.
Aber die Bauern aus dem Mugello-Tal mußten alles wissen. Zwischen den Bänken schritten die Oberschul-Lehrer, feier-

---

* *Zeus und Athene:* die alten Griechen glaubten an Götter, oder taten wenigstens so. Unter anderem erzählten sie, daß ein Mann (namens Zeus) ein Mädchen (namens Athene) geboren habe.
** Das Gesetz zur Mittelschulreform ist vom Dezember 1962.
*** Cambridge und Oxford: alte englische Universitäten, den Herrensöhnen vorbehalten. Bis vor kurzem wurde niemand zugelassen, der nicht Latein konnte.

lich wie Priester, auf und ab. Hüter eines verloschenen Flämmchens.
Ich starrte derart seltsame Leute mit aufgerissenen Augen an. Niemals hatte ich ähnliches erlebt.

Die reformierte Mittelschule

in Euren Händen   Wir haben das Gesetz und die Lehrprogramme für die reformierte Mittelschule gelesen.
Die Mehrzahl der Dinge, die darin stehen, passen uns. Und dann ist da die Tatsache, daß es die reformierte Mittelschule gibt, daß sie einheitlich[12] ist, daß sie Pflicht ist, daß sie der Rechten mißfallen hat. Also eine begrüßenswerte Tatsache.
Traurig ist nur, daß wir sie in Euren Händen wissen. Werdet Ihr daraus wieder eine Klassenschule machen wie aus den anderen?

der Stundenplan   Die alte Mittelschule war vor allem wegen der Anzahl der Schulstunden und der Schultage klassendiskriminierend. Diese beiden Dinge hat die reformierte Schule nicht geändert. Sie bleibt eine Schule nach dem Maß der Reichen. Jener nämlich, die die Bildung zuhause haben und nur in die Schule gehen, um Zeugnisse zu ernten.
Aber im Artikel 3 des Gesetzes ist ein Hoffnungsschimmer. Er führt eine Ergänzungsschule mit mindestens zehn Wochenstunden ein. Anschließend bietet Euch derselbe Artikel den Ausweg, das nicht zu tun: die Ergänzungsschule wird durchgeführt, »sobald die örtlichen Möglichkeiten dazu festgestellt sind«. Somit ist die Sache wieder in Eure Hand gegeben.

Verwirklichung   Im ersten Jahr der neuen Mittelschule hat in fünfzehn von einundfünfzig Gemeinden der Provinz Florenz eine staatliche Ergänzungsschule bestanden.
Im zweiten Jahr in sechs Gemeinden; sie erfaßte 7,1 % der Kinder. Im Jahr darauf in fünf Gemeinden mit 2,9 % der Kinder*.

---

* Vgl. „La nuova scuola media al termine del primo triennio" — (Die reformierte Mittelschule am Ende der ersten Dreijahresperiode), Ufficio studi della provincia di Firenze (Erhebungsamt der Provinz Florenz), Juni 1966.

Gemeindeeigene Ergänzungsschulen gibt es überhaupt keine mehr*.
Die Eltern könnt Ihr nicht verantwortlich machen. Sie haben verstanden, daß Ihr keinen Wert darauf legt. Andernfalls hätten sie Euch, unterwürfig wie sie sind, die Kinder nicht nur zur Ergänzungsschule, sondern sogar ins Bett geschickt.

dagegen Der Bürgermeister von Vicchio holte die Meinung der staatlichen Lehrer ein, bevor er die Ergänzungsschule der Gemeinde wiedereröffnen wollte. Es kamen 15 Briefe an. Dreizehn dagegen und zwei dafür. Der häufigste Grund war, daß die Ergänzungsschule besser gar nicht als mangelhaft durchgeführt werden sollte.
Die Jungen des Dorfes trieben sich in Kneipen und auf der Straße herum. Die vom Land auf den Feldern. Einer derartigen Situation gegenüber kann die Ergänzungsschule sich nie irren. Da ist alles gut. Da ist sogar jene Fehlgeburt gut, die Ihr Schule nennt.
Wenn Ihr gegen die Ergänzungsschule seid, würde ich Euch wenigstens raten, das nicht merken zu lassen. Die Leute sind boshaft. Sie könnten glauben, daß Ihr den Herrensöhnchen aus den wohlhabenden Familien Privatstunden gebt.

Südafrika Andere können die Gleichheit nicht leiden. Ein Schuldirektor in Florenz hat zu einer Dame gesagt: »Sorgen Sie sich nicht, schicken Sie ihn zu mir. Meine Mittelschule ist die am wenigsten vereinheitlichte von ganz Italien.«
Das souveräne Volk zum besten halten, das ist leicht. Es genügt, die Jungen »aus guter Familie« in eine bestimmte Schulabteilung zusammenzulegen. Dazu braucht man sie gar nicht persönlich zu kennen. Man richtet sich nach Zeugnis, Alter, Heimatort (Land, Stadt), Herkunftsort (aus dem Norden oder Süden), Beruf des Vaters, Empfehlungen.
So werden in ein und derselben Schule zwei, drei, vier verschiedene Mittelschulen nebeneinander leben. Die A-Klassen stellen dabei die »alte Mittelschule« dar. Jene, die gut funk-

---

* „... nach einigen mutigen Versuchen der letzten Jahre, die wegen der ablehnenden Haltung der Gemeindeaufsichtsbehörde [d. h. der staatlichen Provinz-Präfektur] nicht wiederholt werden können, gibt es nun keine Ergänzungsschule mehr, die von Gemeinden geführt würde" (ebd., S. 5).

tioniert. Die angesehenen Lehrer streiten sich um die Lehraufträge in dieser Abteilung.
Eine gewisse Sorte von Eltern bemüht sich, ihr Kind dort hinein zu bringen. Die B-Klassen sind dann schon etwas schlechter, und so weiter.

die »PFLICHT« zur Ellbogentaktik   Alles wohlanständige Leute. Der Direktor und die Lehrer tun das nicht für sich, sie tun es für die *Bildung*.
Auch jene Eltern tun es nicht für sich. Sie tun es für die *Zukunft* des Kindes. Sich den Weg durch Ellbogentaktik zu bahnen, gehört sich nicht, wenn man es aber für das Kind tut, wird es zur heiligen Pflicht. Sie würden sich schämen, das nicht zu tun.

entwaffnen   Die ärmeren Eltern tun nichts. Sie vermuten nicht einmal, daß es solche Dinge gibt. Im Gegenteil, sie sind gerührt. Zu ihren Zeiten gab es auf dem Land die Schule nur bis zur dritten Volksschulklasse.
Wenn es dann nicht gut geht, dann wird es wohl daran liegen, daß das Kind nicht fürs Lernen geschaffen ist. »Der Herr Oberlehrer hat's mir gesagt. Was für ein wohlerzogener Mann. Er lud mich ein, mich zu setzen. Er hat mir das Klassenbuch gezeigt. Eine Aufgabe voll blauer Striche. Uns ist halt kein intelligentes Kind zugefallen, da kann man nichts machen. Er wird eben auch auf die Felder gehen wie wir.«

Statistik

überall im Land   Hier werden Sie uns nun entgegenhalten, daß wir zu unseren Prüfungen an besonders unglückselige Schulen geraten sind. Daß wir zufällig auch von auswärts nur schlimme Nachrichten erhalten haben. Und daß Sie Dutzende ebenso wahrer Begebenheiten wie die unseren kennen, die aber genau das Gegenteil beweisen.
Machen wir es also so: geben wir beide, Sie und wir, allzu leidenschaftliche Betrachtungsweisen auf und begeben wir uns auf die wissenschaftliche Ebene.

Beginnen wir unsere Erzählung von vorn, aber diesmal in Zahlen.

zum Lernen ungeeignet Den Auftrag für die Statistiken hat Giancarlo übernommen. Er ist 15 Jahre alt. Er ist einer jener Jungen aus dem Dorf, über den Ihr das Urteil »zum Lernen ungeeignet« gefällt habt.
Bei uns taugt er was. Nun ist er z. B. schon seit vier Monaten in diese Zahlen versunken. Nicht einmal die Mathematik scheint ihm trocken.
Das Erziehungswunder, das wir an ihm bewirkt haben, wurde nach einem ganz bestimmten Rezept vollbracht.
Wir haben ihm angeboten, für einen edlen Zweck zu studieren: um sich als Bruder jener 1 031 000 zu fühlen, die mit ihm durchgefallen sind und um für sich und für sie die Freuden der Rache zu genießen*.

der anmaßende Lehrer Dutzende von statistischen Jahrbüchern gewälzt, Dutzende von Schulen besucht, andere brieflich erreicht, Reisen zum Ministerium und zum ISTAT** wegen der noch ausstehenden Angaben, tagelang an der Rechenmaschine.
Andere werden vor uns ähnliche Arbeiten unternommen haben. Aber das sind jene unglückseligen Menschen, die dann ihre Ergebnisse nicht in die Alltagssprache übersetzen können.
Wir haben sie nicht gelesen. Ihr als Lehrer ebensowenig.
So hat keiner von Euch eine genaue Vorstellung darüber, was in der Schule vor sich geht.
Wir haben einen Lehrer, der zu uns auf Besuch gekommen war, darauf aufmerksam gemacht. Er fühlte sich tödlich beleidigt: »Ich unterrichte doch seit dreizehn Jahren. Ich habe Tausende von Jungen und Eltern kennengelernt. Ihr seht die Dinge von außen. Ihr seid in die Probleme der Schule nicht genügend eingeweiht.«
Er ist also eingeweiht; er, der nur schon ausgewählte Jungen

---

* Die Zahl gibt die Menge derer wieder, die in der Pflichtschule im Schuljahr 1963/64 durchgefallen sind. (Quellenangaben: siehe die Anmerkungen zur Tafel A).
** Istituto Centrale di Statistica — Zentralamt für Statistik.

kennengelernt hat. Je mehr er davon kennt, desto mehr verdreht sich sein Blickfeld.

Millionen Giannis Die Schule hat nur *ein* Problem. Die Jungen, die sie verliert.
Eure »Pflichtschule« verliert unterwegs 462 000, jährlich*.
Bei dieser Erkenntnis seid also Ihr die einzigen, die von Schule nichts verstehen, denn Ihr verliert sie und kehrt nicht zurück, um sie zu suchen. Nicht aber wir, die wir sie auf den Feldern und in den Fabriken finden und aus der Nähe kennen.
Die Probleme der Schule sieht die Mutter von Gianni; sie, die nicht lesen kann. Diese Probleme versteht, wem ein durchgefallener Junge am Herzen liegt und wer die Geduld aufbringt, seine Augen auf die Statistiken zu lenken.
Denn dann beginnen die Zahlen selbst, gegen Euch zu schreien. Sie sagen aus, daß es Millionen Giannis gibt, und daß Ihr entweder blöd oder böswillig seid.

die Pyramide Da wir fürchteten, die statistischen Tafeln würden Ihnen unverdaulich sein, bringen wir sie erst im Anhang. Hier im Text haben wir sie vermenschlicht. Wir haben sie auf ein Maß gebracht, das so groß wie ein Klassenzimmer ist, das man mit einem liebevollen Blick überschauen kann**.
Die Pyramide aber wollten wir doch hier mitten im Text bringen***. Sie ist ein Zeichen, das sich dem Auge leicht einprägt.
Von der Volksschule aufwärts scheint sie mit einer Axt zugehauen. Jeder Axthieb bedeutet ein Geschöpf, das zur Arbeit muß, bevor es zur Gleichheit gekommen ist.

---

* Die Zahl stammt aus der Tafel A, nach dem Verfahren gemäß Tafel C.
** Wir haben uns nämlich eine erste Volksschulklasse mit 32 Kindern im Jahr 1957/58 vorgestellt. Damit haben wir also die Wirklichkeit 29.900mal verkleinert. Auch die nachfolgenden Zahlen sind jeweils im Maßstab 1:29.900 wiedergegeben. Wer die ursprünglichen Zahlen vorzieht, findet sie im Anhang auf Tafel C 1951.
*** Die Angaben zur Aufstellung der Pyramide stammen aus dem „Annuario Statistico dell'istruzione" (Jahrbuch für Bildungsstatistik), 1965.

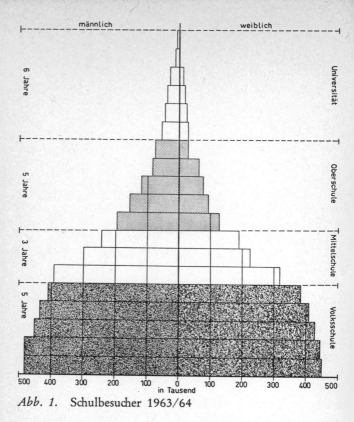

Abb. 1. Schulbesucher 1963/64

Verfolgungsjagd 1951 Die Pyramide hat aber den Fehler, daß sie auf demselben Blatt Jungen von sechs und von 30 Jahren verzeichnet. Alte und neue Sünden. Versuchen wir deshalb, einem Jahrgang von Jungen durch die acht Pflichtschuljahre zu folgen. Da die neuesten Angaben noch nicht vorliegen, verfolgen wir den Jahrgang 1951*.

---

* Der Jahrgang 1952 wäre besser gewesen, weil mit diesem die reformierte Mittelschule begonnen hat. Es fehlen aber noch zuviele Angaben, um diesen Jahrgang gründlich untersuchen zu können.
Vorläufig ist nur ein annähernder Vergleich zwischen den beiden Mittelschulsystemen möglich. Er genügt aber, um nachzuweisen, daß sich nichts Wesentliches geändert hat. In der ersten Mittelschulklasse von 1962/63 („alte Mittelschule") betrugen die Zurückgewiesenen 33,3 %. In der ersten Klasse 1963/64 („neue Mittelschule") waren es 28,2 %.

erste Klasse Volksschule   Betreten wir am ersten Oktober eine erste Volksschulklasse. Es sind 32 Kinder. Auf den ersten Blick scheinen sie gleich. In Wirklichkeit aber sind schon fünf darunter, die das Jahr wiederholen.
Mit sieben Jahren, noch im Schulkittel mit der Schleife[13], sind sie schon vom Stempel der Nachzügler gezeichnet, der ihnen in der Mittelschule teuer zu stehen kommen wird.

Verdienstausfall   Noch vor Beginn fehlen aber schon drei Kinder. Die Lehrerin kennt sie nicht, aber sie waren schon in der Schule. Sie haben das erste Durchfallen gekostet und sind nicht mehr zurückgekehrt. Wären sie zurückgekommen, wären sie jetzt in der Schule. In gewissem Sinn hat sie sie verloren. So wie man beim Verdienstausfall von Verlust spricht. Auch in den nachfolgenden Klassen wird sich das wiederholen. Wenn wir böswillig wären, könnten wir Euch alle Jahre die doppelte Anzahl an verlorenen Jungen aufrechnen: jene, die Ihr vertrieben habt und jene, die Euch unter den Sitzengebliebenen fehlen.
Wenn Ihr gutwillig wärt, würdet Ihr selbst sie zählen*.

die Widerstrebenden   Diejenigen, die nie zur Schule gekommen sind, zählen wir nicht mit. Über sie gibt es keine Aufstellung auf gesamtstaatlicher Ebene. Es scheint aber, daß es nur wenige sind. Hier im Mugello-Tal zum Beispiel hat Giancarlo keine gefunden.
In bezug auf diese jedenfalls hätten wir euch nichts vorzuwerfen. Andere hätten die Schuld. Vor allem die Pfarrer, die die ganze Bevölkerung kennen und die Eltern überzeugen oder anzeigen könnten.

die Durchgefallenen   Im Juni läßt die Lehrerin sechs Kinder durchfallen**. Damit übergeht sie das Gesetz vom

---

* Für nähere Erläuterungen siehe im Anhang die Tafeln B und C mit den Anmerkungen.
** Wir haben festgestellt, daß die 1. Klasse des Vorjahres dagegen 8 Durchgefallene aufwies (3 gingen dann verloren, die übrigen 5 wiederholen).
Der Unterschied ist auf die geringere Geburtenzahl 1951 und auf die geringere Anzahl von Repetenten im Jahr 1957/58 zurückzuführen. Hier im Text verstehen wir einfachheitshalber unter „Durchgefallenen" auch jene, die sich während des Jahres zurückgezogen haben. In den Unterlagen hingegen werden die beiden Kategorien getrennt ausgewiesen.

24. Dezember 1957, das sie auffordert, sie die beiden Jahre der ersten Stufe bei sich zu behalten*.
Aber die Lehrerin läßt sich vom souveränen Volk nichts befehlen. Sie läßt durchfallen, und fährt dann ans Meer auf Urlaub.

Schüsse in einen Busch Durchfallenlassen ist wie in einen Busch schießen. Vielleicht war es ein Junge, vielleicht ein Hase. Man wird das dann gelegentlich feststellen.
Bis zum Oktober wißt Ihr nicht, was Ihr gemacht habt. Ist er zur Arbeit gegangen oder wiederholt er? Und wenn er wiederholt — wird ihm das gut oder schlecht tun? Wird er sich eine Grundlage schaffen, um besser weiterzukommen, oder wird er elendiglich über Schulprogrammen dahinaltern, die für ihn nicht geeignet sind?

zweite Klasse Volksschule Im Oktober findet die Lehrerin in der zweiten Klasse wieder 32 Kinder vor**. Sie sieht 26 bekannte Gesichter und es scheint ihr, sie befinde sich wieder unter *ihren* Kindern, die sie liebt.
Dann bemerkt sie sechs neue Kinder. Fünf davon sind sitzengeblieben. Einer hat schon zweimal die Klasse wiederholt, er ist fast neun Jahre alt.
Das sechste neue Kind ist Pierino, der Sohn des Doktors***.

Pierino Die Chromosomen des Doktors sind mächtig****. Pierino konnte schon mit fünf Jahren schreiben. Er

---

* Die Volksschule ist in zwei Stufen gegliedert: 1. und 2. Klasse (I. Stufe), 3., 4., 5. Klasse (II. Stufe).
„Nur in Ausnahmefällen (erhebliche Anzahl von Abwesenheiten, geistig-körperliche Behinderung) läßt der Lehrer den Schüler nicht zur nächsten Klasse derselben Stufe zu. Über jeden dieser Fälle liefert er dem Schuldirektor einen schriftlichen, begründeten Bericht."
In den ersten fünf Jahren der Anwendung dieses Gesetzes fielen in der 1. Klasse Volksschule 15,14 %, in der 2. Klasse 16,88 % durch. In einer voll funktionierenden Schule (mit Sonderklassen, usw.) wie in Vicchio sinkt die Anzahl der in der 1. Klasse Durchgefallenen auf 6,9 % (1965/66).
** Von hier ab wird es günstig sein, sich Abbildung 8 auf Seite 66 oder noch besser die Tafel D vor Augen zu halten.
*** In unserem Text steht Pierino für die 30.000 Kinder, die jährlich die 1. Klasse Volksschule überspringen. Siehe Tafel E und die Anmerkung dazu.
**** Chromosomen: die mikroskopisch kleinen Dinger, die bewirken, daß die Kinder den Eltern gleichen.

hatte es nicht nötig, die erste Klasse zu besuchen. Er tritt mit sechs Jahren in die Zweite ein. Er spricht wie ein gedrucktes Buch. Auch er ist schon gezeichnet, aber diesmal mit dem Stempel der auserlesenen Rasse.

bitteres Brot Von den sechs durchgefallenen Kindern wiederholen vier die Erste. Für die Schule sind sie nicht verloren, für die Klasse ja.
Vielleicht macht sich die Lehrerin keine Sorgen um sie, weil sie sie in guter Obhut der Klasse nebenan weiß. Vielleicht hat sie sie auch schon vergessen.
Für sie, mit ihren 32 Kindern, ist ein Kind nur ein Bruchteil. Für das Kind ist die Lehrerin viel mehr. Es hatte nur eine, und diese hat es vertrieben.
Die beiden anderen sind nicht in die Schule zurückgekehrt. Sie arbeiten auf den Feldern. In allem, was wir zu essen bekommen, steckt etwas von ihrer Analphabeten-Mühe.

die Mütter Im ganzen haben schon sechs Mütter erfahren, was Eure Schule ist. Vier sahen ihr Kind aus seiner Klasse und seinen Zuneigungen herausgerissen. Ausgestoßen, um unter immer jüngeren Kameraden immer älter zu werden. Zwei sahen ihr Kind für immer ausgesperrt.
Die Mütter sind keine Heiligen. Sie sehen nicht über ihre Haustür hinaus. Das ist ein großer Fehler. Das Kind aber befindet sich innerhalb der Haustür. Wenigstens das Kind werden sie nie vergessen können.

Priester und Huren Die Lehrerin hingegen ist durch ihr kurzes Gedächtnis — als Mutter auf Stunden — geschützt. Wer nicht da ist, hat den Fehler, daß man ihn nicht sieht. Auf seiner Bank müßte ein Kreuz oder eine Bahre stehen, um an ihn zu erinnern.
In Wirklichkeit sitzt aber ein neues Kind auf seinem Platz. Genau so unglücklich wie das andere. Schon hat es die Lehrerin liebgewonnen.
Die Lehrerinnen sind wie die Priester und die Huren. Sie verlieben sich schnell in die Geschöpfe. Verlieren sie sie, haben sie keine Zeit zum Weinen. Die Welt ist eine unermeßliche Familie. Es gibt so viele andere Geschöpfe, denen man dienen muß.

Es ist schön, wenn man über die eigene Haustür hinaussieht. Man muß nur sicher sein, daß man niemanden mit seinen eigenen Händen hinausgetrieben hat.

Bruchteile von Gleichheit Am Ende der Volksschule haben durch die Schuld der Lehrerinnen schon elf Kinder die Schule verlassen.
»Die Schule steht allen offen. Alle Bürger haben Anspruch auf acht Schuljahre. Alle Bürger sind gleich.« Diese elf aber nicht. Zwei besitzen eine Gleichheit von Null. Anstelle ihrer Unterschrift setzen sie ein Kreuzchen. Einer besitzt ein Achtel Gleichheit. Er kann seinen Namen schreiben. Die anderen haben 2, 3, 4, 5 Achtel Gleichheit. Sie können schlecht und recht lesen, lesen aber nicht die Zeitung.

Familienzulagen Auch nicht einer von ihnen ist Kind »aus guter Familie«. Das ist so offenkundig, daß man darüber lächeln muß.
Die Bauern haben erst jetzt Familienzulagen erhalten*. 154 Lire pro Tag und Kind. Die Arbeiter erhalten 187 Lire**.
Es wird nicht die Lehrerin gewesen sein, die solche Gesetze erlassen hat. Aber sie weiß, daß es sie gibt. Bei jedem Durchfallenlassen hat sie die Armen in Versuchung gebracht wegzugehen. Die Reichen nicht.

Bauern Die Versuchung der Arbeit lastet auf den Armen je nach Alter und je nachdem, ob sie Bauern oder Arbeiter sind. Die elf Kinder, die während der fünf Volksschuljahre zur Arbeit gingen, waren zwischen 7 und 14 Jahre alt. In der Mehrzahl Bauern oder jedenfalls Leute, die in einsamen Häusern und Gehöften wohnen, wo es auch für ein kleines Kind immer irgend eine Arbeit gibt***.

* Am 1. Januar 1967.
** Die Familienzulagen sind in Wirklichkeit etwas höher. Aber man bekommt sie nur für die Arbeitstage, während die Kinder der Armen das Laster haben, auch am Sonntag zu essen.
*** Das braucht nicht erst nachgewiesen zu werden. Man sehe aber immerhin Abbildung 2 auf Seite 53, auf der wir eine Untersuchung wiedergeben, die wir in einer Gemeinde der Provinz Florenz in den Schuljahren 1963/64, 1964/65 und 1965/66, durchgeführt haben. In die Kategorie „Super" haben wir Beamte (kleine und große), Lehrer, Freiberufliche, Unternehmer, leitende Funktionäre eingeordnet.

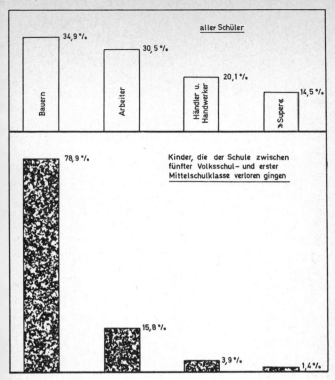

Abb. 2. Arbeit des Papa

vorzeitig Erwachsene Der Staat hat sie vergessen. Er führt sie nicht mehr im Register der Schüler und noch nicht in dem der Arbeitskräfte.

Und doch arbeiten sie, und zwischen den Zeilen des Gesetzes merkt man, daß man das weiß, aber nicht sagen will.

Das Gesetz vom 29. 1. 1961 »über den Schutz der Frauen- und Jugendarbeit« verbietet, vor dem 15. Lebensjahr zu arbeiten. Das Gesetz gilt aber nicht für die Landwirtschaft. So ist es richtig. Die mindere Rasse hat keine Kinder. Wir sind alle vorzeitig Erwachsene. Der Art. 205 des Gesetzes über die Versicherung gegen Arbeitsunfälle setzt fest, daß den Bauern Arbeitsunfälle schon von zwölf Jahren aufwärts vergütet werden. Also weiß man, daß wir arbeiten.

Rätsel Trotz all dieser Verluste, macht die Pyramide auf den ersten Blick den Volksschullehrern immer noch Ehre. Denn die eigentliche Pyramidenform beginnt erst bei der Mittelschule. Und tatsächlich hatte die Lehrerin in der Ersten 32 Kinder. In der Fünften hat sie 28. Man möchte also meinen, sie hätte nur vier verloren.
Die Wahrheit ist aber, daß sie 20 verloren hat*. Wie man 20 Kinder von 32 verlieren und dann immer noch 28 haben kann, ist ein Rätsel, das einer Erklärung bedarf**.

der See Versuchen Sie, einen See auf dem Atlas anzusehen. Es scheint soviel Wasser, und dabei ist es genau das Wasser des Flusses. Es hat nur seinen Lauf verlangsamt. Es verliert Zeit und nimmt viel Platz ein. Dann beginnt es wieder zu strömen, und man sieht, daß ein Fluß wie zuvor daraus wird.
Der See ist die Volksschule. Wenn ein Kind immer durchkommt, besetzt es im ganzen fünf Schulbänke. Wenn es wiederholen muß, besetzt es 6, 7, 8... Pierino, wohl ihm, besetzt nur vier. Wenn Ihr endlich aufhören werdet, durchfallen zu lassen, werdet Ihr mit einem Schlag auch das Problem der Schulräume lösen.

die farbige Tafel Das ganze Problem kann man aus der farbigen Tafel besser verstehen. Wenn alles glatt ginge, dürfte jede Reihe nur aus einer Farbe bestehen. Nun gibt es aber in Wirklichkeit dort eine Reihe von Farben, die nicht hingehören.
[Der Verlag entschuldigt sich bei den deutschen Lesern dafür, daß die dreizehnfarbige (!) Tafel des italienischen Originals in dieser Ausgabe — die möglichst billig sein sollte — nur als Umzeichnung reproduziert werden konnte. Die weißen Felder in jedem Balken bezeichnen jeweils diejenigen, »die sich

---

* Diese Angabe stammt, wie die anderen, aus den Statistiken auf gesamtstaatlicher Ebene. Deshalb ist sie niedriger als in Wirklichkeit, weil sie die inneren Wanderungsbewegungen (Süd-Nord, Berg-Ebene, Land-Stadt) nicht berücksichtigt.
** Prof. Dino Pieraccioni, Mitglied des staatlichen Unterrichtsausschusses [Consiglio superiore dell'istruzione] hat am 15. Februar 1967 einem Journalisten gegenüber erklärt: „ ... die geringe Vorbildung der Kinder in der Volksschule, wo bekanntlich niemand oder fast niemand durchfällt."

im richtigen Schuljahr befinden«. Die schwarzen Felder sind »die Pierini«, die die erste Klasse überspringen, also ein Jahr voraus sind. Die punktierten Felder bezeichnen die einmal, die schraffierten die mehrmals »Durchgefallenen« — diese letztere Gruppe (schraffiert) setzt sich also aus verschiedenen (bis zu drei) Jahrgängen zusammen.]
Versuchen Sie einmal, nur das Gelb [dritte Reihe, weiße Felder] zu betrachten. Es sind die 1950 Geborenen. Der gelbe Rand [zweite Reihe, schwarze Felder], der nicht an seinem Platz ist, sind die Pierini. Der Hauptteil [weiße Felder], der senkrecht abfällt, sind die Kinder, die sich im richtigen Schuljahr befinden. Jene, die nie durchgefallen sind. Dieser Teil wird immer dünner. In der dritten Mittelschulklasse ist es schon eine kleine, bevorzugte Gruppe, fast so wie die Pierini. Die vielen links von dieser Reihe [schraffiert] sind die Sitzengebliebenen.
Die Mutter von Gianni hat die Tafel gesehen. Wir haben ihr gesagt, daß das Gelb Gianni ist. Sie hat es mit dem Zeigefinger verfolgt. Bei jedem Durchfallen etwas weiter nach rechts. Immer ferner, immer isolierter, immer unterschiedlicher [bis zu vier Jahrgänge Unterschied].

Zu Abb. 3. Das Ausmaß jeden Rechtecks ist proportional zur Anzahl der Schulbesucher, wie auf der Tafel A.
Weitere Angaben nach der Tafel 5 b des Buches »Distribuzione per età degli alunni delle scuole elementari e medie« [Altersmäßige Verteilung der Volks- und Mittelschüler], ISTAT 1963. Die Tafel findet sich bei unseren Unterlagen (Tafel E). Da die Erhebung nach dem Lebensalter nur in den Schuljahren 1952/53 und 1959/60 vorgenommen wurde, trifft unsere Tafel nur auf der waagerechten Linie, die dem letztgenannten Schuljahr entspricht, genau zu. Für die vorhergehenden und nachfolgenden Jahre haben wir die Prozentsätze von 1959/60 auf die tatsächliche Anzahl der Schulbesucher eines jeden Jahres angewandt.
Die so erreichten Angaben besitzen eine große Wahrscheinlichkeitsgültigkeit, denn in den Jahren zwischen 1954 und 1966 hat es keine gesetzgeberischen, gesellschaftlichen oder wirtschaftlichen Ereignisse solcher Art gegeben, daß sie eine Änderung in der Haltung der Lehrer hervorgerufen hätten.

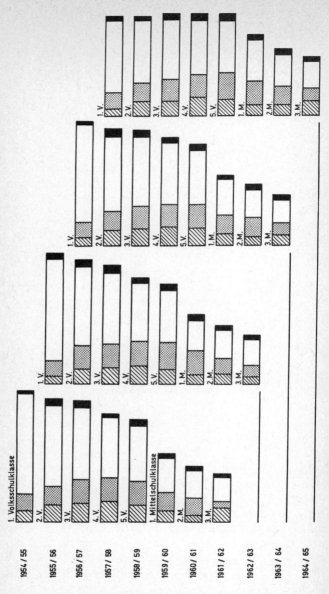

Abb. 3. Anteile der Jahrgänge in der Pflichtschule (Volks-

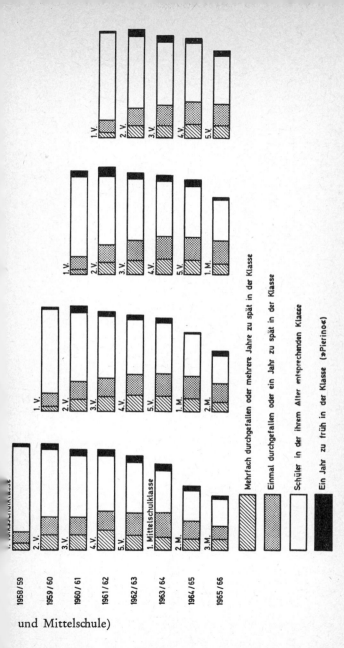
und Mittelschule)

Nomaden   Für die Lehrerin sind es Abfälle, die sie freundlicherweise auf ihre Kolleginnen abgeladen hat. Aber jedem geschieht so, wie er selbst tut. Von links her hat sie ungefähr gleich viel Zuwachs bekommen.
Insgesamt hat sie in den fünf Jahren 48 Kinder in den Händen gehabt, und liefert davon 23 ab*. Die 29 Gianni sind ihr quer durch die Klasse gerutscht, ohne Spuren zu hinterlassen. Von den 32 Kindern, die ihr in der ersten Klasse anvertraut wurden, sind ihr 19 geblieben.

altern verboten   In der Mittelschule erst offenbart sich der Schaden, den die 18 Verschollenen der nachfolgenden Jahrgänge erlitten haben. Sie sind älter geworden. Und Altern ist verboten.
Solange die Schulpflicht fünf Jahre dauerte, war es anders. Sechs und fünf macht elf. Vor dem arbeitsfähigen Alter gab e immer noch Platz für zwei- oder dreimal Durchfallen. Heute hingegen machen sechs und acht 14. Das Arbeitsbuch kann man mit 15 Jahren bekommen**.

kein Platz   Dem Anschein nach ist noch Platz, um einmal durchzufallen. Hier aber muß man nun gut auf den Geburtsmonat achten. Das älteste Kind in der ersten Volksschulklasse ist gewöhnlich im Januar geboren. Es ist also sech Jahre und neun Monate alt.
Wenn man sie einzeln abzählt, entdeckt man, daß dreiviert der Kinder mit mehr als 6 Jahren in die erste Klasse eintreten***. Also können sie auch nicht *einmal* durchfallen.

---

*   11 die arbeiten   29 für die Klasse verloren
    +18 die wiederholen   +19 Überlebende der 1. Klasse
    =29 für die Klasse verloren   =48 waren in ihren Händen
** Aber Vorsicht! Denn jemand könnte widerrechtlich sogar mit 13-14 Jahren Arbeit finden. Und sogar „rechtens". Im uns vorliegenden Jahr ga es 129 000 Jugendliche zwischen 10 und 14 Jahren, die mit Sondergenehmigung arbeiteten! („Rilevazione nazionale delle forze di lavoro 20 ottobr 1962" — Gesamtstaatliche Erhebung der Arbeitskräfte, 20. Oktober 1962 ISTAT 1963).
*** Diese Angabe ist vereinfacht, indem wir annehmen, daß in jedem M nat gleichviel Kinder geboren werden und daß alle ihre Kinder zur Schu schicken, sobald sie das vorgeschriebene Alter erreicht haben. Da eine en sprechende gesamtstaatliche Erhebung fehlt, haben wir versucht, sie in zw naheliegenden Gemeinden anzustellen und erreichten dabei höhere Zahle (79 % und 81 %) — als drei Viertel.

die Lust, durchfallen zu lassen Wenn nun die Lehrerin umkommt vor Lust, durchfallen zu lassen, könnte sie sich an den Kindern der Reichen auslassen.
Ich würde es mit den Eltern vereinbaren: »Pierino ist noch klein, er wird unreif an die großen Entscheidungen des Lebens herantreten. Was würden Sie dazu sagen, Herr Doktor, wenn wir ihn jetzt für ein Jahr aufhielten?« Ich kann es kaum erwarten, selbst Lehrer zu sein, um mir diese Befriedigung zu erlauben. Vielleicht einem Ihrer Enkel gegenüber.

der Unreife Aber die Lehrerin denkt nicht wie ich. Pierino kommt immer durch*. Merkwürdig. Er, der doch so jung ist. Wenn man die Psychologen anhört, möchte man meinen, er müßte Schwierigkeiten haben**. Welch unerforschliche Macht der Chromosomen des Doktors!
Pierino befand sich mit neun Jahren in der Fünften***. Er hat immer unter reiferen Kameraden gelebt. Er ist nicht gereift, aber er hat sich darin geübt, mit Erwachsenen umzugehen. Er ist einer von jenen, die auch Ihnen unbefangen gegenübertreten.
Gianni hingegen war immer mit kleineren Kindern als er selbst in der Schule. Ihnen gegenüber benimmt er sich ein bißchen anmaßend, aber vor Erwachsenen tut er den Mund nicht auf.

Abb. 4. Alter in der fünften Klasse (28 Schüler)

* *Erster Beweis:* Schon bei der Zulassungsprüfung zur 2. Klasse ist Pierino leichter durchgekommen, als die schulinternen Schüler. So kamen z. B. im Jahr 1962/63 87,6 % der Internen und 96,9 % der Privatisten durch. Diese Erscheinung, daß die Privatisten im Vorteil sind, hält sich die gesamte Volksschule durch. Von der Mittelschule ab zeigt sich das Gegenteil. („Annuario Statistico Italiano" 1965, Tafeln 90 und 97).
Zweiter Beweis: Die Pierini nehmen nicht ab, sondern zu (zusätzl. einige die eine Klasse überspringen). In der 2.Volksschulklasse (1959/60) gibt es 30 000 Pierini, vier Jahre später, in der 1. Mittelschulklasse, 34 000 (s. Tafel E).
** Psychologen: jene die glauben, den menschlichen Geist auf wissenschaftliche Art untersuchen zu können.
*** Hier und in der folgenden Darstellung ist das Alter immer auf Oktober bezogen. Die altersmäßige Aufteilung stammt aus „Distribuzione per età degli alunni delle scuole elementari e medie" [Altersmäßige Verteilung der Volks- und Mittelschüler], ISTAT 1963 (unsere Tafel E).

1. Klasse Mittelschule   In der 1. Klasse Mittelschule sind es 22 Jungen*. Für die Oberlehrerin sind es lauter neue Gesichter. Von den 11 Verlorenen weiß sie nichts. Im Gegenteil, sie ist überzeugt, daß niemand fehlt.
Manchmal schimpft sie: »Jetzt, wo alle zur Schule kommen, kann man überhaupt nicht mehr richtig Schule halten. Es kommen Jungen, die Analphabeten sind.«
Sie hat viel Latein studiert, aber sie hat nie ein Statistisches Jahrbuch gesehen.

das Schild   Und es würde ihr auch nicht genügen. Sie muß auch die Altersangaben im Klassenbuch gut ansehen. Es gibt da Kindergesichter und noch schwächliche Körper, die aber irreführen können.
Beim Meldeamt sieht man niemandem ins Gesicht. Wer alt genug ist, kann das Arbeitsbuch bekommen. Der kann Ihnen aus der Schule jeden Augenblick davonlaufen.
Das Beste wäre, wenn jeder Junge ein großes Schild umgehängt trüge: »Ich bin 13 Jahre alt, lassen Sie mich nicht durchfallen.«

es trifft die Alten   Aber niemand trägt dieses Schild. Und die Lehrer schauen im Klassenbuch nicht auf das Geburtsjahr. Sie schauen auf die Zensuren.
Vielleicht ist mancher von Ihnen in gutem Glauben. Vielleicht hat er sich sogar vorgenommen, die Ältesten zu retten. Aber dann, vor einer Aufgabe voller Fehler, hat er all seine Vorsätze vergessen. Tatsache ist, daß unerbittlich die ältesten Kinder am häufigsten durchfallen**. Jene, die nur wenige Schritte vor der Arbeit stehen.

---

* Damit das Bild der verlorenen Jungen deutlich bleibt, behalten wir auch für die Mittelschulen den Maßstab 1 : 29 900 bei. In Wirklichkeit ist in der Mittelschule die Anzahl der Parallelklassen stark zurückgegangen und nimmt im weiteren Lauf noch mehr ab. Deshalb bekommen die Lehrer nie so kleine Klassen zu sehen und vermögen sich kein Bild von der bereits getroffenen Auslese zu machen.
** Siehe Tafel F. Da es sich um eine schwerwiegende Behauptung handelt, wollten wir sie auf eine besonders strenge Untersuchung stützen. Giancarlo hat die Unterlagen in 9 Schulen der Toskana, 2 der Lombardei, einer in den Marken, einer in Emilia und einer im Veneto gesammelt, auf eine Gesamtzahl von 1960 Schülern der ersten und 1814 der zweiten Mittelschulklasse (Schuljahre 1964/65, 1965/66).

Dafür kommen jene Bürschlein durch, die im richtigen Alter stehen. Sie hatten keinen Grund, in den vorigen Jahren durchzufallen. Sie haben auch jetzt keinen.
Ihr Haus ist nicht wie das von Pierino, aber offensichtlich fehlt nicht viel dazu. Und so wird die Klasse niedergemäht*.

Abb. 5. Alter in der ersten Klasse Mittelschule (Sechste Klasse, 22 Schüler; Kreuz = durchgefallen)

es trifft die Armen Indem Sie die Ältesten durchfallen lassen, haben die Lehrer auch die Ärmsten getroffen.
Wir haben eine Untersuchung über den Beruf der Väter jener angestellt, die in der Volksschule zu alt geworden sind.
Die Ergebnisse sind auf Seite 62 zu sehen**.

die Lohntüte Gianni ist nunmehr schon 14 Jahre alt und müßte in der 1. Klasse der Mittelschule beginnen. Hier noch weiterzumachen wird aber sinnlos. Auch wenn er immer versetzt würde, käme er doch erst mit 17 Jahren aus der Mittelschule. Die Langeweile der Schule hat für ihn den Höhepunkt erreicht. Arbeit zu finden ist leicht***. Und in wenigen Monaten auch gesetzlich erlaubt.
Gianni weiß wohl, daß es nicht schön ist zu arbeiten, aber er

---

* In Abbildung 5 ist das Alter auf das Ende des Schuljahres bezogen, weswegen die Pierini nunmehr schon 11 Jahre alt sind, und so weiter. Die Zeichnung gründet sich auf die Tafel E bezüglich der Altersverteilung und auf die Tafel F bezüglich des Alters der Durchgefallenen.
** Die Angaben beziehen sich auf die 3., 4. und 5. Klassen von 35 Schulen der Provinzen Florenz, Mailand, Mantua, für eine Gesamtzahl von 2252 Schülern (Schuljahr 1965/66, 1966/67). Bezüglich der Kategorie „Super" siehe die Anmerkung *** auf Seite 52.
*** Durch die gegenwärtige Regelung des Lehrlingswesens (Gesetz vom Januar 1955) ist die Beschäftigung von Lehrlingen vorteilhaft geworden. In den höher entwickelten Gebieten sucht man die Jungen sogar zu Hause auf, während der Vater vielleicht nur als Handlanger schwer Arbeit findet. In der Provinz Florenz hat Prato z. B. zwei Spitzenpositionen: auf dem Gebiet der industriellen Entwicklung und der Nichterfüllung der Schulpflicht (siehe „L'adempimento dell'obbligo scolastico" [Die Erfüllung der Schulpflicht] Ufficio studi della Provincia di Firenze 1966).

will die Lohntüte heimbringen. Es ist ihm nicht recht, wegen jedes Geldstückes, das er ausgibt, gescholten zu werden.
Die Eltern selbst drängen immer weniger auf seinen Schulbesuch. In ihnen und im Jungen hätte es eine Standhaftigkeit gebraucht, die nur wenige aufbringen. Eine Leidenschaft für das Lernen, die von selbst aufgekommen und so stark sein müßte, daß sie sich von keinem Mißerfolg entmutigen ließe.

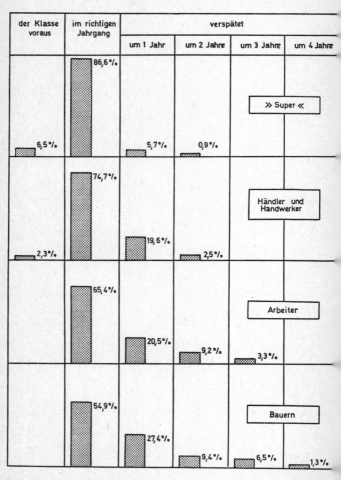

Abb. 6. Es trifft die Armen

Da hättet Ihr hilfreich zur Hand sein müssen. Aber Ihr habt die Hand ausgestreckt, um ihn zum Ausrutschen zu bringen.

der Gemüsehändler   Vielleicht hattet Ihr das nicht beabsichtigt. Natürlich hat auch die Lehrerin Schuld, die ihn Euch so alt übergeben hat. Die ganze Welt wird Schuld haben, auch Gianni wird Schuld haben.
Aber wenn eine Oberlehrerin sich beim Gemüsehändler von einem Jungen bedient sieht, den sie durchfallen ließ, möchte ich nicht in ihrer Haut stecken.
Es wäre doch ganz anders, wenn sie ihm sagen könnte: »Warum kommst du nicht in die Schule zurück? Ich habe dich ja deswegen versetzt, damit du wieder kommst. Ohne dich ist in der Schule nichts los.«

2. Klasse Mittelschule   In der zweiten Klasse ist das Durchschnittsalter niedriger, weil die ältesten Jungen schon ausgeschieden sind. Der Abstand der Pierini von den andern verringert sich allmählich.
Man kann sagen, daß es in den Volksschulklassen zur Überalterung führt, wenn man die Schüler durchfallen läßt, weil viele Durchgefallene wiederholen. In der Mittelschule dagegen verjüngt das die Klassen, weil die Ältesten Arbeit finden.

wo man zuhause ist   Auch vom sozialen Gesichtspunkt her hat sich die Klasse gewandelt.
Wir haben eine Untersuchung, die von Freunden in einer nahen Gemeinde durchgeführt wurde. Sie versuchten, die Durchgefallenen der ersten und zweiten Mittelschulklasse nach sozialen Schichten einzuteilen. Die Ergebnisse kann man in Abbildung 7 ablesen*.

eine Arbeit, die eine vier verdient   Als die Lehrer dieses Schaubild sahen, sagten sie, es sei eine Verunglimpfung ihrer Ehrenhaftigkeit als unparteiische Richter.

---

* Dabei werden als „Dorf" jene Häuser aus den stärker besiedelten Gegenden gezählt, die mit allem nötigen Komfort ausgestattet sind (Wasser, elektrisches Licht, Straße, Geschäfte). Als „vereinzelt" hingegen werden vorwiegend die Häuser auf den Abhängen des Monte Morello und Calvana Gebirge bei Florenz] aufgeführt.

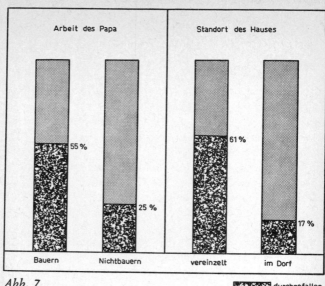

Abb. 7

durchgefallen
versetzt

Die erbittertste warf ein, daß sie nie Auskünfte über die Familien der Schüler gesucht oder erhalten habe: »Wenn eine Arbeit eine vier verdient, dann gebe ich eben eine vier.« Und sie verstand nicht, die Arme, daß ihr gerade *das* vorgeworfen wird. Denn es gibt nichts ungerechteres, als zwischen Ungleichen in gleiche Teile zu teilen.

von wem spricht sie? Ob es sich nun um das Alter oder die soziale Schicht handelt — Tatsache ist, daß die Lehrerin in der zweiten Mittelschulklasse aufzuatmen beginnt. Nun kann sie leichter mit dem Lehrprogramm zu Ende kommen.
Sie kann es kaum erwarten, daß der Juni kommt. Da wird sie sich noch vier Versager vom Halse schaffen und dann endlich eine Klasse haben, die ihrer wert ist. »Als ich sie in der ersten Klasse übernahm, waren sie richtiggehende Analphabeten. Jetzt aber machen sie mir alle Aufgaben richtig.«
Von wem spricht sie? Wo sind die Jungen, die sie in der ersten Klasse übernahm? Geblieben sind nur jene, die auch damals richtig schrieben und vielleicht auch schon in der dritter

Volksschulklasse. Jene, die es schon in der Familie gelernt haben.
Die Analphabeten, die sie in der ersten Klasse hatte, sind immer noch Analphabeten. Sie hat sie sich nur aus den Augen geschafft.

die Pflicht Und sie weiß das gut. Läßt sie doch in der Dritten nur wenige durchfallen. Sieben in der Ersten, vier in der Zweiten, einen in der Dritten*. Genau umgekehrt, wie sie es machen müßte.
In der Pflichtschule hätte sie ihre Pflicht erfüllt, wenn sie alle bis in die dritte Mittelschulklasse gebracht hätte. Bei der Mittelschulprüfung könnte sie dann ihre wählerischen Instinkte ausleben und unterscheiden.
Wir hätten nichts mehr dagegen einzuwenden. Im Gegenteil, wenn einer noch immer nicht schreiben kann, wird sie gut daran tun, ihn durchfallen zu lassen.

Zusammenfassung Die Abbildung 8 auf Seite 66 gibt eine zusammenfassende Übersicht über die acht Pflichtschuljahre**.
Die Klasse hat 40 Kinder verloren. 16 von ihnen sind zur Arbeit gegangen, noch bevor sie ihrer Schulpflicht genügt hatten. 24 wiederholen. Im ganzen sind 56 Jungen durch diese Klasse gegangen. In der dritten Mittelschulklasse sind nur 11 von den 32 Kindern, die der Lehrerin in der 1. Klasse der Volksschule anvertraut wurden.

der Beruf des Vaters An dieser Stelle müßte man nun eine Erhebung über den Beruf des Vaters derer anstellen, die erfolgreich die Mittelschule abgeschlossen haben. Aber das Zentralamt für Statistik hat eine solche Erhebung nicht

---

* Aus dem auf Seite 86 erklärten Grund stellen wir uns eine Mittelschule mit sehr kleinen Klassen vor. Dadurch entsteht der Eindruck, als ließen die Mittelschullehrerinnen weniger durchfallen als die Volksschullehrerinnen. Betrachtet man die Prozentsätze, verhalten sich die Dinge ganz anders. Durchgefallen: in der 1. Kl. Volksschule 15,4 %, in der 2. Kl. 18,1 %, in der 3. Kl. 12,9 %, in der 4. Kl. 14,9 %, in der 5. Kl. 17,9 %. In der 1. Kl. Mittelschule 33,3 %, in der 2. Kl. 23,2 %, in der 3. Kl. 5,1 % (siehe Tafel A).
** Zur Erklärung dieser Zeichnung siehe Tafel D und die Anmerkungen dazu.

Abb. 8

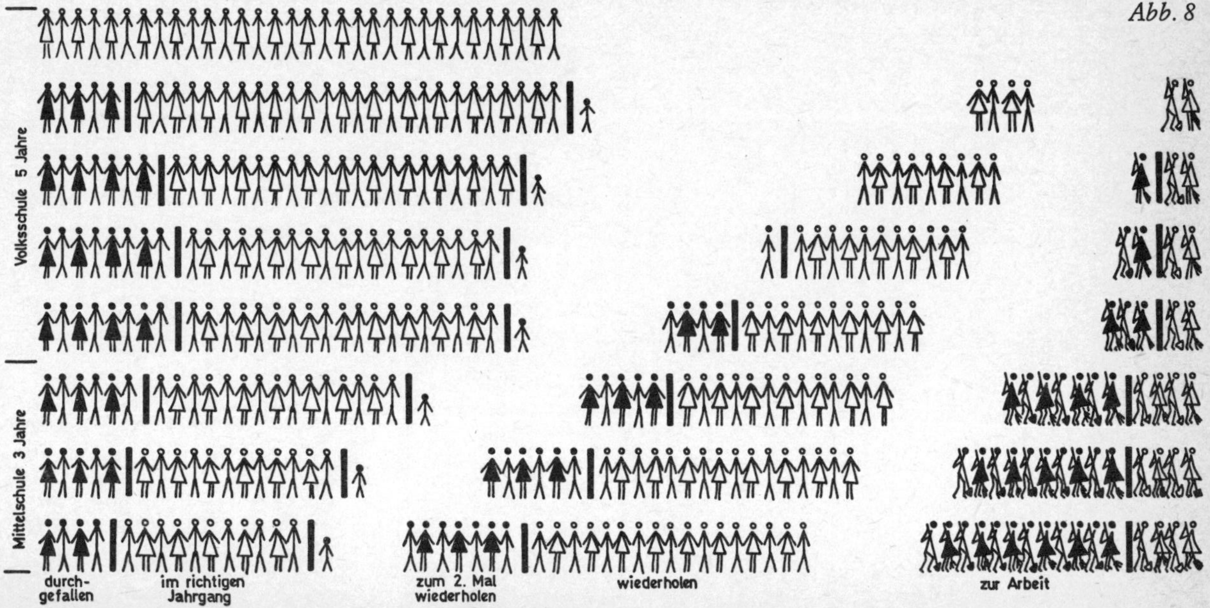

Volksschule 5 Jahre | Mittelschule 3 Jahre

durch- | im richtigen | zum 2. Mal | wiederholen | zur Arbeit
gefallen | Jahrgang | wiederholen

Kinder von Unternehmern u. Freiberuflichen: 30 von 30

Leitenden Angestellten u. Beamten: 7,6 von 30

Selbständigen Arbeitern: 3,7 von 30

Lohnabhängigen: 0,8 von 30

Außerhalb des Daches: diejenigen, die bereits arbeiten

Abb. 9. Der Beruf des Papas von Abiturienten

durchgeführt. Wie konnte es auch nur vermuten, daß die PFLICHTSCHULE Klassenunterschiede mache?
Dafür hat es den Beruf der Väter der Absolventen der höheren Mittelschulen untersucht. Die Ergebnisse kann man aus Abbildung 9 ersehen*.
Es handelt sich um Jungen, die Eure Schule 12 oder 13 Jahre genossen haben. Acht von diesen Jahren sind Pflichtschule.

es ist nicht Mangel an Geld Mancher könnte es auch aus Geldmangel aufgegeben haben, ohne Eure Schuld. Aber es gibt Arbeiter, die ihr Kind 10 oder 11 Jahre in der Schule halten, damit es bis zur dritten Mittelschulklasse kommt**.

---

* Wir haben als Grundzahl 30 gewählt, weil es uns mühsam schien, 100 Kinder für jede Kategorie zu zeichnen. Die Zeichnung nimmt an, daß alle Kinder von Unternehmern und Freiberuflern die höhere Mittelschule abschließen. Die Angaben stammen aus dem „Annuario Statistico Italiano" [Ital. statist. Jahrbuch] 1965, Tafel 13 und 103.
** Von 16 Jungen in der 3. Mittelschulklasse hat einer die Mittelschule mit 17 Jahren und zwei mit 16 Jahren abgeschlossen.

Sie haben gleichviel ausgegeben, wie der Vater von Pierino, aber Pierino hat in jenem Alter schon die Oberschule abgeschlossen.

Durch Geburt verschieden?

Schwachköpfe und Faulenzer   Ihr sagt, Ihr habt die Schwachköpfe und Faulenzer durchfallen lassen.
Ihr behauptet also, Gott läßt die Schwachköpfe und Faulenzer in den Häusern der Armen zur Welt kommen. Gott aber spielt den Armen nicht solche Streiche. Eher spielt Ihr sie ihnen.

Rassenschutz   In der Verfassunggebenden Versammlung war es ein Faschist, der die Ansicht der Unterschiede von Geburt an vertrat: »Der Abgeordnete Mastroianni bemerkt bezüglich des Wortes ›*Pflicht*schule‹, daß es Schüler gibt, die eine organische Unfähigkeit aufweisen, Schulen zu besuchen.«*
Auch ein Mittelschuldirektor hat geschrieben: »Die Verfassung kann leider nicht allen Kindern gleiche verstandesmäßige Entwicklung und gleiche Eignung zum Lernen gewährleisten.«** Von seinem Sohn aber würde er das niemals sagen. Wird er ihn etwa nicht die Mittelschule abschließen lassen? Wird er ihn zur Feldarbeit schicken? Man hat mir gesagt, daß solche Dinge in Maos China vorkommen. Aber ob das wahr ist?
Auch die reichen Leute haben ihre schwierigen Kinder. Aber sie bringen sie vorwärts.

die Kinder der anderen   Nur die Kinder der anderen scheinen manchmal Schwachköpfe zu sein. Die eigenen nicht. Ist man ihnen nahe, dann merkt man, daß sie es nicht sind.

---

* *Verfassunggebende Versammlung:* die Abgeordnetenkammer von 1946 bis 1948. Neben ihrer normalen Aufgabe arbeitete sie den Text der Verfassung aus. Der erwähnte Satz gehört zur Diskussion über den Art. 34 der Verfassung (Pflichtschule), im ersten Unterausschuß (Sitzung vom 29. Oktober 1946).
** Der Brief, unterschrieben von einem Direktor und 18 Oberlehrern, ist die Antwort auf unsere Untersuchung, von der auf Seite 63 die Rede ist.

Und nicht einmal Faulenzer. Oder wir spüren zumindest, daß es wohl nur ein Augenblick ist, daß er vorübergehen wird, daß es ein Mittel dagegen geben muß.
Dann ist es aber ehrlicher zu sagen, daß alle Kinder gleich geboren werden, und wenn sie später nicht mehr gleich sind, ist das unsere Schuld und wir müssen etwas dagegen tun.

Hindernisse beheben Genau das sagt die Verfassung, wenn sie von Gianni spricht:
»Alle Bürger sind gleich vor dem Gesetz, ohne Unterschied der Rasse, der Sprache, der persönlichen und sozialen Lage. Es ist die Aufgabe der Republik, die Hindernisse wirtschaftlicher und sozialer Art zu beheben, die in der Tat die Freiheit und Gleichheit der Bürger beschränken und dadurch die volle Entfaltung der menschlichen Persönlichkeit und die tatsächliche Teilnahme aller Arbeitenden an der politischen, wirtschaftlichen und sozialen Gestaltung des Landes behindern.« (Artikel 3)

Es wäre Eure Aufgabe gewesen

auf andere geschoben Eine Ihrer Kolleginnen von der Mittelschule (eine sanfte Jungvermählte, die in der ersten Klasse 10 von 28 durchfallen ließ: sie und ihr Mann Kommunisten, engagierte Leute) machte uns folgenden Einwand: »Ich habe sie nicht vertrieben, ich ließ sie nur durchfallen. Wenn die Eltern sich dann nicht darum kümmern, sie wieder in die Schule zu schicken, ist das ihre Schuld.«

der Vater von Gianni Aber der Vater von Gianni ging mit 12 Jahren zu einem Schmied arbeiten und beendete nicht einmal die vierte Volksschulklasse.
Mit 19 Jahren wurde er Partisan. Er verstand nicht genau, was er tat. Aber sicherlich verstand er es besser als Ihr. Er hoffte auf eine gerechtere Welt, die wenigstens Gianni die Gleichheit geben sollte. Gianni, der damals noch gar nicht auf der Welt war.
Für ihn hört sich der Art. 3 so an: »Es ist Aufgabe der Frau Spadolini, die Hindernisse zu beheben ...«

Übrigens bezahlt er Euch auch gut. Er, der nur 300 Lire in der Stunde verdient, gibt Euch 4300.
Er ist sogar bereit, Euch noch mehr zu geben, wenn Ihr nur eine anständigere Arbeitszeit einhaltet. Er arbeitet 2150 Stunden im Jahr, Ihr nur 522 (die Prüfungen rechne ich Euch nicht dazu, sie sind nicht Schule)*.

Stellvertretung Aber Hindernisse kann nicht *der* beheben, dem sie selbst anhaften. Er weiß ja nicht einmal, welche Disziplin ein Junge haben muß, der die Mittelschule besucht, wie lange er an seinem Tisch lernen soll, ob es gut ist, daß er auch Zerstreuung hat. Ob es stimmt, daß man beim Lernen Kopfweh bekommt und einem »die Augen flimmern«, wie Gianni sagt. Hätte er sich selbst zu helfen gewußt, hätte er Euch Gianni nicht in die Schule geschickt. So aber müßt Ihr ihn in allem vertreten: Unterricht und Erziehung. Das sind zwei Seiten desselben Problems.
Morgen wird Gianni ein fähigerer Vater sein und besser mit Euch zusammenarbeiten, falls Ihr ihn so weit kommen laßt. Vorläufig ist sein Vater eben, wie er ist. Das wenige, was zu sein die Herren ihm gestattet haben.

die Nachhilfestunden Wüßte der arme Mensch aber die ganze Wahrheit, nähme er wieder das Gewehr zur Hand, wie zur Partisanenzeit. Es gibt nämlich Lehrer, die für Geld Nachhilfestunden erteilen. Statt die Hindernisse zu beheben, arbeiten sie, um die Ungleichheiten noch zu vermehren.
Am Morgen werden sie von uns bezahlt, um gleiche Schule für alle zu halten. Am Nachmittag nehmen sie Geld von den Reichen, um den Herrensöhnchen eine verschiedene Schule zu ermöglichen. Im Juni sitzen sie dann, auf unsere Kosten, zu Gericht und beurteilen die Unterschiede.

---

* Das Netto-Gehalt eines Mittelschullehrers (Untermittelschule) geht von einem Mindestbetrag von 1 223 000 Lire jährlich (1. Gehaltsstufe ohne jede Erhöhung) bis zu einem Höchstbetrag von 3 311 000 Lire jährlich (4. Gehaltsstufe, 17. Erhöhungsstufe).
Die vorgeschriebene Anzahl der Unterrichtsstunden für die verschiedenen Lehrfächer geht von einer Mindestzahl von 468 Stunden im Jahr (Fremdsprache und Mathematik) bis zu einer Höchstzahl von 540. Niederstes Gehalt mit höchster Stundenzahl = 2264 Lire pro Stunde; niederste Stundenzahl mit höchstem Gehalt = 7074 Lire pro Stunde. — Im Text haben wir Mittelwerte gewählt. — Unsere Angaben sind nach dem Stand von 1966.

der kleine Angestellte Nicht, daß Giannis Vater nicht wüßte, daß es Nachhilfestunden gibt. Es ist aber so, daß Ihr eine Atmosphäre geschaffen habt, in der niemand etwas sagt. Ihr scheint Ehrenmänner.
Wenn ein kleiner Gemeindeangestellter bei sich zuhause, zu teurem Preis, Bescheinigungen schnell und gut ausstellte, und sie am Schalter langsam und unbrauchbar verabreichte, würde er eingesperrt.
Stellen Sie sich vor, wenn er dann noch dem Publikum zuflüsterte: »Hier werden Sie die Bescheinigungen nur spät und unbrauchbar erhalten. Ich würde Ihnen empfehlen, zu jemandem zu gehen, der sie zuhause auf Bezahlung herstellt.« Er würde eingesperrt.
Aber ein Oberlehrer, den ich kenne und der folgende Worte zu einer Mutter sagte, wird nicht eingesperrt: »Er schafft es nicht. Lassen Sie ihm Nachhilfeunterricht erteilen.« Wörtlich, genau so sagte er. Ich habe Zeugen. Ich könnte ihn vor Gericht bringen. Vor Gericht? Vor einen Richter, dessen Frau Nachhilfestunden gibt? Und dann ist im Strafgesetzbuch, wer weiß warum, ein solches Vergehen gar nicht vorgesehen.

Zwiebeln Ihr steckt alle unter einer Decke. Ihr wollt uns erdrücken. Tut es nur, aber tut wenigstens nicht so, als wärt Ihr anständig. Kunststück, anständig nach einem Gesetzbuch zu leben, das von Euch und nach Eurem Maß geschrieben wurde.
Ein alter Freund von mir hat in einem Garten 40 Zwiebeln gestohlen. Er bekam 13 Monate Gefängnis ohne Bewährung. Der Richter stiehlt keine Zwiebeln. Zu anstrengend. Er beauftragt das Hausmädchen, sie zu kaufen. Das Geld für die Zwiebeln und für das Hausmädchen verdient seine Frau durch Nachhilfestunden.

besser die Geistlichen Da sind gewisse Schulen von Geistlichen noch ehrlicher. Sie sind ein Werkzeug des Klassenkampfes und verbergen es niemandem. Bei den Barnabiten in Florenz bezahlt man als Halbexterner monatlich 40 000 Lire. Bei den Piaristen 36 000.
Die sind wenigstens morgens und abends im Dienste des gleichen Herrn. Sie dienen nicht zwei Herren wie Ihr.

die Freiheit Das andere Hindernis, das Ihr nicht beseitigt, sind die Moden. Eines Tages sagte uns Gianni in bezug auf den Fernsehapparat: »Solche Dinge gibt man uns. Gäbe man uns die Schule, gingen wir zur Schule.« Mit diesem unpersönlichen »man« meinte er die Gesellschaft, die Welt, jemand Unbestimmbaren, der die Entscheidungen der Armen lenkt. Wir haben ihn damals laut gescholten: »Du hattest sogar zwei Schulen und hast sie beide verlassen.« Aber, unter uns gesagt, ist es wirklich wahr, daß er frei gewählt hat?
Im Dorf lasten auf ihm alle »Moden«, außer den guten. Wer sich solchem Zwang nicht unterordnet, sondert sich ab. Dazu wäre ein derartiger Mut erforderlich, den er — so jung, ungebildet und von niemandem gestützt — nicht haben kann. Auch der Vater kann ihm nicht helfen, denn er fällt ja selbst darauf herein. Auch der Pfarrer nicht, der in der Bar des Pfarrheimes[14] Spiele bietet. Auch die Kommunisten nicht, die in der »Casa del Popolo« Spiele bieten. Um die Wette ziehen sie ihn alle immer weiter nach unten. So, als ob die Versuchungen in uns nicht schon von selbst stark genug wären.

die Moden Die Moden haben ihm gesagt, die Zeit zwischen 12 und 21 Jahren sei die Zeit der sportlichen und sexuellen Spiele, die Zeit des Hasses auf das Studium.
Sie haben ihm verheimlicht, daß die Zeit zwischen 12 und 15 Jahren das günstigste Alter ist, um das Wort beherrschen zu lernen. Und zwischen 15 und 21, um es in Gewerkschaften und Parteien zu gebrauchen.
Sie haben ihm verheimlicht, daß keine Zeit zu verlieren ist. Mit 15 kehrt man der Schule den Rücken. Mit 21 naht das Alter der privaten Sorgen: Verlobung, Heirat, Kinder, Wohlstand. Dann wird er keine Zeit mehr für Versammlungen haben, wird Angst haben, sich zu exponieren, wird jedenfalls nicht sich ganz geben können.

der Schutz der Armen Der einzige Schutz der Armen vor der Mode könntet Ihr sein. Der Staat gibt Euch zu diesem Zweck jährlich 800 Milliarden Lire*.

---

* „Relazione generale sulla situazione economica del paese 1965" [Gesamtbericht über die wirtschaftliche Lage des Landes] 1965, II. Bd., S. 495. Die Zahl bezieht sich nur auf die Pflichtschule.

Aber was seid Ihr für armselige Erzieher, die Ihr 185 Tage Ferien gegen 180 Tage Schule bietet! Vier Stunden Schule gegen zwölf ohne Schule. Ein Idiot von Direktor, der in die Klasse kommt und sagt: »Der Schulamtsleiter hat auch den 3. November[15] schulfrei gegeben«, erntet einen Freudenschrei und lächelt selbstgefällig.
Ihr habt die Schule als Übel vorgestellt – und dann soll es den Jungen gelingen, sie zu lieben?

allgemeine Umarmung   In Borgo hat ein Direktor den Jungen der dritten Mittelschulklasse das Klassenzimmer für einen Ball mit ihren Mitschülerinnen zur Verfügung gestellt. Die Salesianer[16] wollen nicht zurückstehen und veranstalten einen Maskenumzug. Ein Lehrer, den ich kenne, läßt sich mit der Sportzeitung in der Tasche blicken.
Das sind Männer voll Verständnis für die »Anliegen« der Jugend. Im übrigen ist es bequem, die Welt so hinzunehmen, wie sie ist. Ein Lehrer mit der Sportzeitung in der Tasche versteht sich gut mit einem Arbeitervater mit der Sportzeitung in der Tasche, wenn sie über einen Sohn mit dem Fußball unterm Arm sprechen oder über eine Tochter, die eine Stunde lang beim Friseur sitzt.
Nachher macht der Lehrer ein kleines Zeichen ins Klassenbuch und die Kinder des Arbeiters gehen zur Arbeit, wenn sie noch nicht lesen können. Die Kinder des Lehrers studieren unentwegt weiter, auch wenn sie »keine Lust haben« oder »nichts verstehen«.

Die Auslese kommt jemandem zugute

Schicksal oder Absicht?   Hier könnte nun jemand auf das Schicksal fluchen. Ist es doch herrlich erholend, wenn man Geschichte unter dem Gesichtspunkt der »Schicksalhaftigkeit« liest.
Sie unter politischem Gesichtspunkt zu lesen ist beunruhigender: die Moden werden damit zum Teil eines wohlberechneten Plans, der dafür sorgt, daß Gianni draußen bleibt. Der unpolitische Lehrer wird zu einem der 411 000 nützlichen Idioten, die die Herrschenden mit Klassenbuch und Zeugnis

bewaffnet haben. Hilfstruppen mit dem Auftrag, 1 031 000 Giannis pro Jahr aufzuhalten, für den Fall, daß das Spiel der Moden nicht ausreichen sollte, sie abzulenken.
Eine Million und 31 000 *Zurückgewiesene* jedes Jahr. Das ist ein Fachausdruck dessen, was Ihr als Schule bezeichnet. Aber es ist auch ein Fachausdruck aus der Militärsprache[17]. Man muß sie zurückweisen, bevor sie an die Schalthebel der Macht kommen.
Nicht umsonst sind die Prüfungen preußischen Ursprungs*.

das Steuersystem Das Merkwürdige daran ist, daß wir, die Ausgeschlossenen, Euch das Gehalt zahlen, um uns hinauszuwerfen.
Arm ist, wer all seine Einnahmen verbraucht. Reich ist, wer nur einen Teil davon verbraucht. In Italien sind — auf Grund eines unerklärlichen Zufalls — die Verbrauchsgüter bis zur letzten Lira besteuert. Die Einnahmen nur lächerlich.
Man hat mir erzählt, daß die finanzwissenschaftlichen Abhandlungen ein solches System »schmerzlos« nennen. Schmerzlos heißt, daß es den Reichen gelingt, nur die Armen Steuern zahlen zu lassen, ohne daß sie es merken.
An der Universität kann man über gewisse Dinge reden. Dort gibt es nur Herrensöhnchen. In den niederen Schulen aber ist es verboten, über solche Dinge zu sprechen. Es ziemt sich nicht, in der Schule Politik zu treiben. Die Herrschenden wollen das nicht.

wem nützt es? Untersuchen wir einmal, wem zugute kommt, daß wenig Schule ist.
740 Stunden im Jahr bedeuten zwei Stunden im Tag. Und der junge Mensch hält die Augen weitere vierzehn Stunden offen. In den bevorzugten Familien werden daraus vierzehn Stunden kultureller Förderung jeder Art.
Für die Bauern sind es vierzehn Stunden Einsamkeit und Schweigen, die sie noch schüchterner machen. Für die Kinder

---

* Siehe „Enciclopedia Treccani" [ital. Enzyklopädie] unter dem Stichwort „Esami" [Prüfungen].
Preußen: Teil Deutschlands. Man pflegt zu sagen, der militaristische Wahn der Deutschen komme von Preußen.

der Arbeiter sind es vierzehn Stunden, die man in der Schule der »geheimen Verführer« verbringt*.

Besonders die Sommerferien fallen allem Anschein nach mit ganz bestimmten Interessen zusammen. Die Kinder der Reichen reisen ins Ausland und lernen mehr als im Winter. Die Armen hingegen haben am 1. Oktober bei Schulbeginn auch das Wenige vergessen, was sie im Juni noch wußten. Wenn sie Nachprüfungen im September haben, können sie sich keine Nachhilfestunden bezahlen. Im allgemeinen verzichten sie, überhaupt anzutreten**. Wenn sie Bauern sind, helfen sie bei den schweren Sommerarbeiten mit, ohne daß daraus für die Hofverwaltung[18] Mehrauslagen entstünden.

klar sagen Zu Giolittis Zeiten sagte man diese Dinge ganz öffentlich: »... versammelte sich in Caltagirone ein Kongreß der Großgrundbesitzer, der statt jeder anderen Reform vorschlug, die Volksschulbildung abzuschaffen, damit die Bauern und Bergleute nicht durch das Lesen neue Ideen aufnehmen könnten.«***

Auch Ferdinando Martini war aufrichtig. Indem er die Erschließung der höheren Schulen auch für die unteren Gesellschaftsschichten beklagte, sagte er: »Dadurch erwuchs den herrschenden Schichten die Notwendigkeit, pausenlose Mühen auf sich zu nehmen, um nicht überhaupt jegliche politische und wirtschaftliche Vormachtstellung ganz zu verlieren.«****

die Faschisten Auch zur Zeit des Faschismus sprachen die Gesetze eine klare Sprache: »Die Schulen der Städte und der größeren Landgemeinden bestehen normalerweise aus Unter- und Oberstufe (5 Schuljahre). Jene der kleineren

---

* Geheime Verführer: die Werbung heißt geheime Verführung, wenn sie die Armen dazu überredet, Dinge, die nicht notwendig sind, seien notwendig.
** Wir kennen viele solche Fälle. Es schien uns jedoch mühevoll, eine genaue statistische Erhebung vorzunehmen.
*** „Memorie della mia vita" [Memoiren Giolittis], Mailand 1922, I. Bd., Seite 90.
Giovanni Giolitti: mehrmals an der Regierung, zwischen 1892 und 1921.
**** Rede vor dem Abgeordnetenhaus vom 13. 12. 1888.
Ferdinando Martini: Staatssekretär und dann Minister für öffentlichen Unterricht von 1884 bis 1893.

Landgemeinden haben, im Regelfall, nur die Unterstufe (3 Schuljahre).«*

In der Verfassunggebenden Versammlung schlugen die Faschisten vor, die Schulpflicht auf das 13. Lebensjahr zu senken.**

armer Pierino Sie blieben aber allein. Die anderen hatten begriffen, daß man heutzutage verdeckter sprechen muß. Als man im Abgeordnetenhaus über die Mittelschulreform und die Einführung der »neuen Mittelschule« sprach, konnte man es sich schon nicht mehr leisten, schlecht über die Armen zu sprechen. Blieb also nichts übrig, als Tränen über den armen Pierino und das Latein zu vergießen.

Am gerührtesten drückte sich ein Christdemokrat aus: »Warum, in aller Welt, sollten die an Verstand und Willenskraft höher Begabten gedemütigt werden, indem man sie in eine Schule zwingt, wo sie sich notwendigerweise die Flügel stutzen lassen müssen, um gleich schnell mit jenen zu fliegen, die von Natur aus langsam fliegen müssen?«***

Die Herrschenden[19]

Gibt es ihn? Wir haben öfters von den Herrschenden oder dem Herrschenden gesprochen, der Euch in der Hand hat. Von jemandem, der die Schule nach Eurem Maß zugeschnitten hat.

Gibt es ihn? Ist das etwa eine kleine Gruppe von Leuten rund um einen Tisch, bei denen alle Fäden zusammenlaufen: Banken, Industriebetriebe, Parteien, Presse, Mode?

Wir wissen es nicht. Wir merken, daß sich unser Schreiben fast wie ein Roman anhört, wenn man so etwas sagt. Es nicht zu sagen, hieße aber einfältig sein. Das wäre so, wie wenn man die Ansicht verträte, daß viele Rädchen rein zufällig zusammengekommen sind. Daß daraus ein Panzer geworden

---

* Art. 66 des Einheitsgesetzes über den Unterricht vom 5. 2. 1928.
** Änderungsantrag Tumminelli zum Art. 34 der Verfassung.
*** Der Abgeordnete Limoni. Debatte in der Abgeordnetenkammer über das Gesetz zur Errichtung der „neuen Mittelschule". Sitzung vom 13. 12. 1962.

ist, der ganz von selbst Krieg führt, ohne daß ihn jemand lenkt.

bei Pierino zuhause Vielleicht kann uns die Geschichte von Pierino einen Schlüssel zur Lösung liefern. Bemühen wir uns, auch seine Familie mit Zuneigung zu betrachten.
Der Doktor und seine Frau sind tüchtige Leute. Sie lesen, reisen, empfangen Freunde, spielen mit dem Kind, können ihm Zeit widmen, und wissen auch wie. Das Haus ist voller Bücher und Bildung. Mit fünf Jahren wußte ich mit Sachkenntnis eine Schaufel zu handhaben. Pierino den Bleistift.
Eines Abends, fast zum Scherz und mehr durch die Umstände als durch sonst etwas hervorgerufen, kommt die Entscheidung: »Was soll er in der ersten Klasse? Geben wir ihn in die Zweite.« Sie schicken ihn zu den Prüfungen, ohne ihnen Bedeutung beizumessen. Wenn er durchfällt, macht es auch nichts aus.
Er fällt nicht durch, er bekommt lauter Neuner. Heiteres Familienglück, wie es bei mir zuhause sein könnte.

nach Maß Merkwürdig an dem ganzen ist nur das Gesetz, das die beiden jungen Eheleute glücklich vorgefunden haben. Es verbietet, ein Kind mit fünf Jahren in die erste Klasse einzuschreiben, erlaubt aber, eines mit sechs Jahren in die Zweite zu schicken. Ist das ein blödsinniges Gesetz oder ist es nicht vielmehr überschlau?
Jene beiden haben es nicht geschrieben. Ihnen ist es nicht einmal aufgefallen. Wer hat es also geschrieben? Vielleicht meine Mutter?

außerordentlich Wie es in der ersten Klasse geschah, so geschieht es dann Jahr für Jahr. Pierino kommt immer durch, fast ohne zu lernen.
Ich kämpfe mit zusammengebissenen Zähnen und falle durch. *Er* hat sogar noch Zeit für Sport, den katholischen Jugendverein oder die »Giovane Italia« oder die kommunistische Jugendverbindung, für die Pubertätskrise, für das Jahr der Melancholie, für das Jahr der Auflehnung.*

---

* „*Giovane Italia*": heute eine faschistische Schülerorganisation.

Mit 18 Jahren hat er weniger inneres Gleichgewicht als ich mit 12 hatte. Aber er kommt immer durch. Er wird mit höchster Punktezahl seinen Doktor machen. Er wird kostenlos als Universitätsassistent arbeiten.

er arbeitet kostenlos Ja, kostenlos. Niemand würde das für möglich halten: die Volontärassistenten arbeiten ohne Gehalt.
Hier haben wir ein anderes merkwürdiges Gesetz aufgestöbert. Aber es hat glorreiche Vorgänger. Das Statut des Königs Carlo Alberto* verfügte: »Die Aufgaben des Senators und Abgeordneten bringen keinerlei Einnahme oder Entschädigung mit sich.«**
Das ist nicht romantische Selbstlosigkeit, sondern ein ausgeklügeltes System, das die mindere Rasse ausschließt, ohne es ihr ins Gesicht zu sagen.
Der Klassenkampf ist herrschaftlich, wenn er von den Herren geführt wird. Er erregt kein Ärgernis bei den Geistlichen oder bei den Lehrern, die den »Espresso«[20] lesen.

Pierinos Mutter Pierino wird also Professor werden. Er wird eine Frau finden, die wie er selbst ist. Auch sie werden wieder einen Pierino aufziehen. Mehr Pierino als je zuvor. Und dreißigtausend solche Geschichten jedes Jahr.
Pierinos Mutter ist, für sich genommen, keine Bestie. Sie ist nur nicht sehr weitherzig. Sie hat die Augen vor den Kindern der anderen geschlossen. Sie hat Pierino nicht verboten, mit anderen Pierini zu verkehren, die wie er sind. Auch sie selbst und ihr Mann umgeben sich mit Intellektuellen. Also wollen sie nichts ändern.
Die 31 Mütter der Mitschüler von Pierino haben entweder nicht so viel Zeit wie sie, oder sie verstehen es nicht so gut. Sie verrichten Arbeiten, die so wenig abwerfen, daß man — um leben zu können — von klein auf bis ins hohe Alter, von morgens früh bis abends spät arbeiten muß.

* *Carlo Alberto:* König von Piemont, Ligurien und Sardinien bis 1848. *Statut:* eine Art Verfassung, nach dem die Gesetze von 1848 bis 1948 erlassen wurden.
** Art. 50. Ebenso war es für den Bürgermeister und die Gemeindeausschußmitglieder. Der Art. 50 war offiziell bis 1948 in Kraft. In England werden die Abgeordneten seit 1911 bezahlt.

Sie hingegen war bis zum 24. Lebensjahr in der Schule. Übrigens hatte sie eine jener 31 Mütter im Haus. Die Mutter eines Gianni, die ihr eigenes Kind vernachlässigt, um ihren Haushalt zu besorgen.
Die gesamte Zeit, die ihr übrig bleibt, ist ein Geschenk der Armen, oder vielleicht eher ein Diebstahl der Herren. Warum teilt man sie nicht?

Löwenanteil Aufs ganze gesehen ist die Mutter von Pierino also weder eine Bestie, noch ist sie unschuldig. Aber wenn man Tausende solch kleiner Egoismen wie den ihren zusammenzählt, kommt der große Egoismus einer Klasse heraus, die für sich den Löwenanteil beansprucht.
Eine Klasse, die nicht gezögert hat, den Faschismus, den Rassenwahn, den Krieg, die Arbeitslosigkeit zu entfesseln. Wenn es nötig wäre, »alles zu ändern, damit sich nichts ändere«, wird sie auch nicht zögern, sich dem Kommunismus in die Arme zu werfen*.
Den genauen Mechanismus kennt niemand. Aber wenn jedes Gesetz nach Maß zugeschnitten scheint, um Pierino zu nützen und uns ein Bein zu stellen, dann können wir nicht mehr an Zufall glauben.

Die Auslese hat ihren Zweck erreicht

an der Universität Unter den Universitätsstudenten machen die Herrensöhne 86,5 %/o aus. Die Söhne von abhängigen Arbeitern 13,5 %/o. Unter den Hochschulabsolventen: Herrensöhne 91,9 %/o, die Söhne von abhängigen Arbeitern 8,1 %/o**.
Würden die Armen eine Gruppe für sich bilden, könnte das etwas bedeuten. Aber sie tun es nicht. Im Gegenteil, die Herrensöhnchen nehmen sie wie Brüder auf und schenken ihnen all ihre Fehler. Schlußergebnis: 100 %/o Herrensöhnchen.

---

* Der Satz in Anführungszeichen findet sich im Roman „Il Gattopardo" [Der Leopard]. Es spricht ihn ein sizilianischer Adeliger bei der Ankunft der garibaldinischen Truppen (1860). Dann wird auch er Garibaldiner, und so verliert er weder Geld noch Macht.
** Annuario Statistico Italiano [ital. statist. Jahrbuch] 1963, Tafel 113-114. Für die folgenden Jahre fehlen die Angaben.

in den Parteien Die Parteivorstände auf allen Ebenen sind fest in der Hand der Akademiker.
Die Massenparteien unterscheiden sich in diesem Punkt nicht von den anderen. Die Arbeiterparteien rümpfen vor den Herrensöhnchen nicht die Nase. Und die Herrensöhnchen rümpfen nicht die Nase vor den Arbeiterparteien. Wenn es sich um leitende Stellen handelt.
Es ist sogar schick, »mit den Armen zu sein«. Natürlich nicht direkt »*mit* den Armen«, ich wollte sagen, »an der Spitze der Armen«*.

die Wahlbewerber Die Parteibüros bereiten die Kandidatenlisten für die Wahlen vor. Sie schmücken sie am Rande auch mit einigen Arbeitern aus, um gerade noch den Anschein zu wahren.
Dann sorgen sie dafür, daß die ersten Plätze an Akademiker gehen: »Laßt die heran, die etwas davon verstehen. Ein Arbeiter würde sich im Abgeordnetenhaus verloren fühlen. Und schließlich ist der Doktor ja einer *von uns*.«

das Abgeordnetenhaus So gehen also schließlich jene hin, neue Gesetze zu machen, denen schon die alten Gesetze passen. Die einzigen, die nie in jenen Verhältnissen gelebt haben, die es zu verändern gilt. Die einzigen, die von Politik nichts verstehen.
In den beiden Häusern des Parlaments stellen die Akademiker 77 %. Sie sollten die Wähler vertreten. Aber die Akademiker stellen von den Wählern nur 1,8 %.
Arbeiter und Gewerkschaftler finden sich zu 8,4 % in den Abgeordnetenhäusern. Unter den Wählern zu 51,1 %. Bauern in den Abgeordnetenkammern 0,1 %. Unter den Wählern 28,8 %**.

---

* Der Gipfel der Raffinesse ist, einer kleinen Elite-Partei ohne Masse anzugehören (z. B. linkssozialistisch oder philochinesisch). Eine „philochinesische" Kundgebung in Florenz, im September 1966, wurde von Studenten veranstaltet, die Söhne von großmächtigen Universitätsprofessoren sind.
** „Elenco alfabetico dei Deputati" [Alphabetisches Verzeichnis der Abgeordneten], Rom 1965. „Elenco dei Senatori" [Verzeichnis der Senatoren, d. h. der 2. Kammer im römischen Parlament], Rom 1966.

black power   Stokely Carmichael war siebenundzwanzigmal im Gefängnis*. Während des letzten Prozesses erklärte er: »Ich traue auch nicht einem einzigen Weißen.«
Als ihm ein junger Weißer, der sein ganzes Leben der Sache der Neger gewidmet hatte, zurief: »Wirklich nicht einem, Stokely?«, wandte sich Carmichael zum Publikum, sah den Freund an und sagte: »Nein, nicht einem einzigen.«

API   Falls der junge Weiße sich gekränkt fühlte, gab er damit Carmichael recht. Falls er wirklich mit den Negern ist, muß er das hinunterschlucken, sich beiseite schlagen und fortfahren zu lieben. Carmichael wartete vielleicht auf diesen Augenblick.
Die linksgerichteten Zeitungen und die des Zentrums hatten den Schriften unserer Schule immer Ehre erwiesen. Diesmal werden sie vielleicht in den haßerfüllten Chor der Rechten einstimmen. Dann wird sich zeigen, daß es eine Partei gibt, die größer als die einzelnen Parteien ist: die Akademiker-Partei Italiens.

Für wen macht Ihr es?

der gute Glaube   Der gute Glaube der Lehrer ist ein Problem für sich. Ihr seid vom Staat bezahlt. Ihr habt die Geschöpfe vor Euch. Ihr habt Geschichte studiert. Ihr lehrt sie. Ihr müßtet also klar sehen.
Von den Geschöpfen seht Ihr allerdings nur die ausgewählten. Eure Bildung mußtet Ihr aus Büchern erwerben. Und die Bücher werden von der Seite der Herrschenden geschrieben. Die einzige Seite, die schreiben kann. Aber Ihr konntet zwischen den Zeilen lesen. Ist es möglich, daß Ihr noch guten Glaubens seid?

der Nazi   Ich versuche, Euch zu verstehen. Ihr seht so wohlanständig aus. Nichts an Euch verrät den Verbrecher-

---

* Stokely Carmichael (sprich: Stukli Karmáikel): Führer der „black power"-Bewegung (bläck pauer — schwarze Macht) in den Vereinigten Staaten. Die Leute von „black power" fordern die Macht, weil sie es müde sind, die Gleichheit zu fordern und nie zu bekommen.

typ. Vielleicht etwas den Naziverbrecher. Ein höchst anständiger und gehorsamer Bürger, der die Seifenkisten abhakt. Es würde ihm Sorge bereiten, wenn er sich um eine Ziffer verschriebe (vier, vier minus), aber er fragt nicht danach, ob die Seife aus Menschenfleisch hergestellt wurde.

ängstlicher als ich Aber für wen macht Ihr es? Was habt Ihr davon, daß Ihr die Schule verhaßt macht und Gianni auf die Straße werft?
Und jetzt stellt sich heraus, daß Ihr ängstlicher seid als ich. Fürchtet Ihr Euch vor Pierinos Eltern? Vor den Kollegen in den höheren Schulen? Vor dem Inspektor?
Wenn Euch Eure Laufbahn so sehr am Herzen liegt, gibt es trotzdem noch eine Lösung: schwindelt ein bißchen bei den schriftlichen Arbeiten, verbessert einige Fehler, während Ihr bei einer Schularbeit zwischen den Bänken auf und ab geht.

für die EHRE der Schule Oder Ihr fürchtet gar nichts Äußerliches und Gemeines. Ihr fürchtet nur Euer Gewissen. Aber ein schlecht gebautes Gewissen.
»Ich würde in diesem Fall eine Versetzung als für die Ehre und die Würde der Schule abträglich finden«, schrieb ein Direktor in sein Protokoll. Wer ist schon die Schule? Die Schule sind wir. Wie kann er ihr dienen, wenn er uns nicht dient?

für den Jungen selbst »Ist es doch gerade für das Wohl des Jungen selbst. Vergessen wir nicht, daß es sich um Schüler handelt, die an der Schwelle zur höheren Schule stehen«, sagte ein Direktor einer kleinen Schule am Land.
Von 30 Kindern war es schon klar, daß nur 3 in die höhere Schule gehen würden: Maria, die Tochter des Kurzwarenhändlers; Anna, die Tochter der Lehrerin, und natürlich Pierino. Aber auch wenn es mehr gewesen wären, was hätte das geändert?
Der Direktor hatte vergessen, seine Platte auszuwechseln. Er hatte die neue Schülerzahl noch nicht bemerkt. Eine Tatsache, die schon mit 680 000 Schülern in der ersten Mittelschulklasse höchst lebendig ist. Alle arm. Die Reichen in der Minderheit. Nicht eine deklassierte Schule, wie er sagt. Deklassiert ist die

seine. Im Dienst derer, die Geld haben, um vorwärts zu kommen.

für die GERECHTIGKEIT »Wenn man diejenigen versetzt, die es nicht verdienen, so ist es eine Ungerechtigkeit gegenüber den Tüchtigeren«, sagte uns eine andere zarte Seele.
Soll sie doch Pierino beiseite rufen und zu ihm sagen, wie jener Herr zu seinen Winzern*: »Du wirst versetzt, du weißt ja warum. Du hast doppeltes Glück: aufzusteigen und etwas zu wissen. Gianni hingegen lasse ich aufsteigen, um ihm Mut zu machen, doch hat er das Unglück, nichts zu wissen.«

für die GESELLSCHAFT Eine andere ist von ihrer Verantwortung der Gesellschaft gegenüber überzeugt: »Heute lasse ich ihn in der dritten Mittelschulklasse durchkommen, und morgen wird womöglich ein Arzt daraus!«

Gleichheit Laufbahn, Bildung, Familie, Ehre der Schule, Waagschale für die Bewertung der Aufgaben. Das sind Kleinlichkeiten. Zuwenig, um das Leben eines Lehrers zu erfüllen.
Mancher von Euch hat das gemerkt und kann sich nicht von ihnen lösen. Alles aus Angst vor jenem gefürchteten Wort. Doch es gibt keine Wahl. Was nicht *Politik* ist, füllt nicht das Leben eines Menschen von heute.
In Afrika, in Asien, in Lateinamerika, in Süditalien, im Gebirge, auf den Feldern, sogar in den Großstädten warten Millionen von Jungen darauf, ihre Gleichheit zu erlangen. Schüchtern wie ich, dumm wie Sandro, faul wie Gianni. Der beste Teil der Menschheit.

---

* Matthäus-Evangelium, 20. Kapitel.

Die Reformen, die wir vorschlagen

Damit der Traum der Gleichheit nicht nur Traum bleibe, schlagen wir Euch drei Reformen vor.
1 Nicht durchfallen lassen.
2 Gebt denen, die unbegabt scheinen, eine Ganztagsschule.
3 Für die Faulen genügt es, ihnen ein Ziel zu geben.

1 Nicht durchfallen lassen

der Dreher Der Dreher darf nicht nur jene Stücke abliefern, die gelungen sind. Sonst würde er sich nicht darum bemühen, daß alle gelingen.
Ihr dagegen wißt, daß Ihr beliebig viele Stücke ausmerzen könnt. Deshalb begnügt Ihr Euch damit, *das* zu überprüfen, was von selbst und ohne Verdienst der Schule gelingt.

kleinster gemeinsamer Nenner Dieses System ist gesetzwidrig.
Die Verfassung verspricht in Artikel 34 allen acht Jahre Schule. Nicht vier Klassen, von denen jede einmal wiederholt wird. Das wäre ein böses Wortspiel, unwürdig einer Verfassunggebenden Versammlung*.
Heute bis in die dritte Mittelschulklasse zu kommen ist also kein Luxus. Es handelt sich um ein allgemeines Mindestmaß an Bildung, auf das jeder Anspruch hat.
Wer es nicht voll erhält, ist nicht GLEICH.

die Eignung Ihr könnt Euch nicht hinter der rassistischen Theorie der Eignung verschanzen.
Alle Jungen sind geeignet, bis zur dritten Mittelschulklasse zu kommen und alle sind für alle Unterrichtsfächer geeignet.
Es ist bequem, einem Jungen zu sagen: »Du bist für dieses Fach nicht geschaffen.« Der Junge nimmt das hin, weil er

---

* Tatsächlich erörterte niemand die Frage, weder im zuständigen Ausschuß der Verfassunggebenden Versammlung, noch während der Plenarsitzung (vgl. stenographisches Protokoll der Sitzung vom 29. 4. 1947).

faul ist wie sein Lehrer. Aber er versteht, daß ihn der Lehrer nicht als GLEICH achtet.
Es ist unerzieherisch, zu einem anderen zu sagen: »Gerade für dieses Fach bist du geeignet.« Wenn er für irgendein Fach Leidenschaft entwickelt, muß man ihm verbieten, es zu lernen. Man muß ihn als beschränkt oder unausgeglichen schelten. Später bleibt noch genug Zeit, um sich auf Spezialisierungen zu beschränken.

Akkordarbeit Wenn jeder von Euch wüßte, daß er um jeden Preis alle Jungen in allen Unterrichtsfächern voranbringen müßte, würde er sein Talent einsetzen, das beste aus ihnen herauszuholen.
Ich würde Eure Arbeit als Akkordarbeit bezahlen. So und soviel für jeden Jungen, der alle Fächer lernt. Oder noch besser eine Strafgebühr für jeden Jungen, der eins nicht lernt.
Dann würde Euer Auge immer auf Gianni fallen. Ihr würdet in seinem zerstreuten Blick die Intelligenz suchen, die Gott bestimmt auch ihm, genauso wie den anderen, gegeben hat. Ihr würdet für das Kind kämpfen, das es am notwendigsten braucht und die glücklichsten vernachlässigen, wie man das in allen Familien tut. Ihr würdet in der Nacht im beständigen Gedanken an ihn aufwachen und nach einer neuen Unterrichtsmethode, nach einer für ihn bestimmten Schule suchen. Ihr würdet ihn zuhause suchen, falls er nicht zurückkommt.
Ihr würdet Euch keine Ruhe mehr gönnen, denn eine Schule, die Gianni verliert, verdient nicht mehr den Namen Schule.

mittelalterlich seid Ihr Wir verwenden in äußersten Fällen auch die Peitsche.
Jetzt tun Sie nicht so entrüstet und lassen Sie die Theorien der Pädagogen beiseite! Wenn Sie auch die Peitsche verwenden wollen, bringe ich sie Ihnen, aber werfen Sie die Feder für das Klassenbuch weg. Ihre Feder läßt Spuren für ein Jahr zurück. Die Peitsche spürt man schon am nächsten Tag nicht mehr.
Wegen dieser Ihrer »modernen« und anständigen Feder wird Gianni sein Leben lang kein Buch mehr lesen. Er wird nie einen annehmbaren Brief schreiben können. Eine unverhältnismäßige und grausame Strafe.

Mathematik Der einzige, der sich mit Grund über eine Schule ohne Durchgefallene beschweren könnte, ist der Mathematiklehrer. Denn was in der zweiten und dritten Klasse gelehrt wird, ist tatsächlich unbrauchbar für denjenigen, der den Stoff der ersten nicht weiß.
Aber die Mathematik ist nur *ein* Fach. Sie werden nicht verlangen, daß wegen 3 Wochenstunden, die der Junge nicht mit Gewinn mitmachen kann, er die anderen 23 verliert, die ihm angemessen sind.

es genügt weniger Gegenüber der Mathematik kann man übrigens ähnliche Gründe ins Feld führen wie bei der Diskussion im Parlament über den Lateinunterricht.
Welche Rechnungsarten muß jeder für die unmittelbaren Erfordernisse des Haushalts, irgendeiner gewöhnlichen Arbeit oder der Lektüre einer Zeitung beherrschen? In anderen Worten: welchen Teil der Mathematik behält ein gebildeter, aber nicht spezialisierter Mensch im Gedächtnis?
Alles was das Programm für acht Jahre vorsieht, ausgenommen Klammerrechnungen und Algebra*.
Bleibt noch das Problem übrig, die Sprache um den Ausdruck »Algebra« anzureichern. Aber *dazu* genügt eine einzige Algebra-Stunde im ganzen Jahr.

2 Ganztagsschule

wiederholen Ihr wißt genau, daß zwei Stunden täglich der gegenwärtigen Schule nicht für alle genügen, um das ganze Lehrprogramm durchzunehmen.
Bisher habt Ihr das Problem nach alter Klassenmanier erledigt. Die Armen habt Ihr das Jahr *wiederholen* lassen. Den Kleinbürgern gebt Ihr Nachhilfestunden, *Wiederholungs*stunden. Für die höhere Klasse ist das gar nicht nötig, für sie ist alles *Wiederholung*. Pierino hat schon zuhause das gehört, was Ihr lehrt.

---

* *Klammerrechnungen:* komplizierte Rechenoperationen, mit denen man in der Mittelschule keinerlei praktisches Problem lösen kann.
Algebra: dieselben Rechenoperationen, mit Buchstaben an der Stelle von Zahlen.

Die Ergänzungsschule ist eine gerechtere Lösung. Der Junge wiederholt, ohne dabei aber das Jahr zu verlieren und Geld auszugeben, und Ihr seid mit ihm in Schuld und Strafe vereint*.

gegen Klassendiskriminierung Lassen wir die Maske fallen. Solange Eure Schule eine Klassenschule bleibt und die Armen hinauswirft, ist die einzig ernstzunehmende Form von Widerstand gegen die Klassendiskriminierung eine Ergänzungsschule, die die Reichen hinauswirft.
Wer am Durchfallenlassen und an den Nachhilfestunden keinen Anstoß nimmt und hier etwas auszusetzen hätte, ist nicht ehrlich.
Pierino ist nicht durch Geburt von anderer Rasse. Er ist so geworden durch die Umwelt, in der er außerhalb der Schule lebt. Die Ergänzungsschule muß eine solche Umwelt auch für die anderen schaffen (aber mit anderer Bildung).

Umwelt Das Wort von der Ganztagsschule macht Euch Angst. Es scheint Euch schon schwer, die Jungen für jene wenigen Stunden im Zaum zu halten. Aber Ihr habt es ja nie versucht.
Bisher habt Ihr Schule gehalten unter der Quälerei der Schulglocke, unter dem Alpdruck von Lehrprogrammen, die bis zum Juni beendet sein mußten. Ihr konntet Euern Horizont nicht erweitern, nicht auf die Interessen der Jungen eingehen oder die Probleme bis zum Kern behandeln.
So kam es, daß Ihr alles schlecht gemacht habt und unzufrieden seid, Ihr selbst und die Jungen. Diese Unzufriedenheit hat Euch ermüdet, nicht die Schulstunden.

man muß daran glauben Bietet Eure Ergänzungsschule auch in der Volksschule und auch für den Sonntag und in den Weihnachts- und Oster- und Sommerferien an. Wie kann man behaupten, die Jungen und die Familien lehnten etwas ab, wenn es ihnen noch gar nicht angeboten wurde?

Wir haben absichtlich das Problem der Sonder- und Aufbauklassen beiseitegelassen. Wenn sie funktionieren, sind sie das schönste, was Ihr habt. Aber wenn Ihr die Ganztagsschule verwirklicht, werdet ihr solche Klassen nicht mehr brauchen.

Aber jener Direktor soll nicht behaupten, er hätte die Ergänzungsschule angeboten, wenn er den Eltern ein farbloses Rundschreiben geschickt hat.
Die Ergänzungsschule muß man anpreisen wie man ein gutes Erzeugnis anpreist. Bevor man es tut, muß man daran glauben.

Ganztagsschule und Familie

Frau, Auto, Beruf Die Ganztagsschule setzt eine Familie voraus, die keine Hindernisse in den Weg legt. Zum Beispiel eine Familie von zwei Lehrern, in der Mann und Frau unterrichten und etwa im Schulgebäude eine Wohnung haben, die allen offen steht, ohne »Amtsstunden«.
Gandhi hat das getan*. Und er hat seine Kinder unter andere gemischt um den Preis, daß sie sehr anders als er selbst aufwuchsen. Seid Ihr dazu bereit?
Die andere Lösung ist das Zölibat.

Zölibat Dieses Wort ist ganz aus der Mode. Für die Priester hat es die Kirche ungefähr tausend Jahre nach dem Tod des Herrn verstanden.
Gandhi hat es, gerade im Hinblick auf die Schule, im Alter von 35 Jahren (nach 22 Jahren Ehe) verstanden.**
Mao hat einen Arbeiter, der sich entmannte, den Genossen zur Bewunderung vorgestellt (die italienischen »Maoisten« schämen sich, das zu erzählen).

88 000 Ihr werdet noch weitere tausend Jahre brauchen, bis Ihr die Ehelosigkeit einführt. Aber es gibt etwas, was Ihr sofort tun könnt: beginnt inzwischen, von der Ehelosen, die Ihr habt, gut zu sprechen und sie aufzuwerten.
Von 411 000 Lehrern in den Pflichtschulen sind 88 000 nicht verheiratet. Von diesen 88 000 werden sich 53 000 auch i

---

* *Gandhi:* ein Heiliger indischer Religion, der in unserem Jahrhundert gelebt hat. Er wurde 1948 getötet.
** Die Eltern hatten ihn mit 13 Jahren verheiratet, wie es damals in Indien üblich war.

Zukunft nicht verheiraten.* Warum sagt man sich selbst und den anderen nicht, daß es kein Unglück, sondern ein Glück ist, wenn man für die Ganztagsschule verfügbar ist?
Man pflegt — ich weiß nicht mit welcher Berechtigung — zu sagen, daß heute die unverheirateten Lehrkräfte die am wenigsten menschlichen sind. Wenn es aber morgen eine aufopferungsvolle und großherzige Entscheidung wäre, könnten sie sich für die Schule begeistern, die Jungen lieben und von ihnen geliebt werden. Und vor allem die Freude haben, daß ihre Schule Erfolg hat.

Ganztagsschule und gewerkschaftliche Rechte

denkwürdige Schlachten Es ist uns ein gewerkschaftliches Mitteilungsblatt für Lehrer in die Hände geraten: »Gegen die Erhöhung der Lehrstundenzahl! Denkwürdige Schlachten wurden von den Gewerkschaften geschlagen, um die Stundenzahl festzusetzen und zu begrenzen, und es wäre undenkbar, Schritte nach rückwärts zu machen.«**
Das hat uns in Verlegenheit gebracht. Streng genommen können wir dagegen nichts einwenden. Alle Arbeiter kämpfen um Verkürzung der Arbeitszeit und haben recht.

seltsames Privileg Eure Arbeitszeit aber ist ungebührlich.
Ein Arbeiter arbeitet 2150 Stunden jährlich. Eure Kollegen, die Staatsbeamten, 1630 Stunden. Ihr aber von einer Höchstzahl von 738 (Volksschullehrer) zu einer Mindestzahl von 468 Stunden (Lehrer für Mathematik oder Fremdsprachen).
Die Ausrede, daß Ihr zuhause die Aufgaben verbessern und lernen müßt, gilt nicht. Auch die Richter müssen die Urteils-

---

* Diese Zahl haben wir auf der Grundlage des Familienstandes der Toten errechnet, indem wir annahmen, daß die Lehrer nicht häufiger und nicht seltener ehelos bleiben als andere Bürger. Da wir die Zukunft nicht kennen, gibt es kein anderes Mittel, um den Prozentsatz von Eheschließung oder nicht bei den Lebenden annähernd zu errechnen. Im einzelnen: männliche ehelose Lehrpersonen: 33 000, weibliche: 55 000. Voraussichtlich ständig ehelos: männlich 14 000, weiblich 39 000.
** „Il Rinnovamento della Scuola" [„Die Erneuerung der Schule"], 8. Oktober 1966.

begründungen schreiben. Und Ihr könntet ja darauf verzichten, Hausarbeiten aufzugeben. Und wenn Ihr Aufgaben gebt, könntet Ihr sie ja mit den Jungen zusammen verbessern, während sie sie schreiben.
Was dann das Lernen anbetrifft, so müssen alle lernen. Und die Arbeiter haben es notwendiger als Ihr. Und doch verlangen sie nicht, dafür bezahlt zu werden, wenn sie eine Abendschule besuchen.
Zusammenfassend behaupten wir, daß Eure Arbeitszeit ein seltsames Privileg darstellt. Die Oberschichten haben es Euch in ihrem höchsteigenen Interesse von Anfang an geschenkt. Es war keine gewerkschaftliche Errungenschaft Eurerseits.

nervliche Erschöpfung In dem gleichen Gewerkschaftsblatt lesen wir, daß Eure Wochenstunden ».... ausreichen, um die psychophysischen Verausgabungsmöglichkeiten eines normalen Menschen zu erschöpfen«.
Ein Arbeiter an einer Preßmaschine steht acht Stunden täglich dort, noch dazu in der Angst, seine Arme darin zu lassen. Ihm gegenüber würdet Ihr nicht den Mut haben, von Eurer nervlichen Erschöpfung zu sprechen.
Es gibt Tausende von Lehrern, die nicht zu müde sind, Nachhilfestunden gegen Bezahlung zu erteilen. Solange Ihr Euch nicht von jenen getrennt habt, seid Ihr auf der Gegenseite. Es ist schwer, in Euch Arbeiter mit gewerkschaftlichen Rechten zu sehen.

Streik Zum Beispiel der Streik. Er ist ein heiliges Recht des Arbeiters. Aber bei Eurer Arbeitszeit ist der Streik widerlich.
Wenn Ihr Gandhi studiert, werdet Ihr ungezählte andere Kampfmittel finden, von gleicher Wirkung wie der Streik, aber anders in der Form.
Eine Lösung könnte sein, daß Ihr Euch in die Richtergewerkschaft einschreibt und nur in jenen Stunden streikt, in denen Ihr als Richter tätig seid: Schüler ausfragen, Zeugniskonferenzen, Prüfungen, Klassenbücher ausfüllen.
Legt Ihr aber Hand an jene wenigen Unterrichtsstunden, dann werden die Leute begreifen, daß wir Euch eigentlich überhaupt nichts bedeuten.

Wer wird die Ganztagsschule verwirklichen?

Bei Eurer Arbeitszeit ist die Schule ein Krieg gegen die Armen. Wenn der Staat nicht mehr Arbeitszeit von Euch verlangt, kann er keine Schulen führen.
Diese Feststellung ist äußerst schwerwiegend. Bisher sagte man, die staatliche Schule stelle einen Fortschritt gegenüber der Privatschule dar. Nun wird man das überdenken müssen und die Schule in andere Hände legen. In Hände von Leuten, die ideale Motive haben, Schule zu halten, und sie für uns zu halten.

Vorsicht mit Bezeichnungen Bleiben wir mit den Füßen auf der Erde.
Vormittags und im Winter wird weiterhin der Staat die Schule führen. Und er wird sie weiterhin ohne Klassendiskriminierung, »interklassistisch« führen (Vorsicht mit Bezeichnungen: die Klassendiskriminierung — der »Klassismus« — der Reichen heißt »Interklassismus«).
Nachmittags und im Sommer muß sie jemand anderes führen, und zwar *gegen* die Klassendiskriminierung, »antiklassistisch« (Vorsicht mit Bezeichnungen: den Kampf gegen die Klassendiskriminierung, den »Antiklassismus«, nennen die Reichen Klassenkampf oder »Klassismus«).

die Gemeinde Die erste Lösung besteht darin, sich an die Gemeindeverwaltungen[21] zu wenden. Sie sollen mit ihrer Schulpolitik zu erkennen geben, ob sie auf unserer Seite stehen. Asphalt, Beleuchtungskörper und Sportplätze können auch die Monarchisten bieten.
Wenn dann die Gemeindeaufsichtsbehörden derartige Ausgaben beschneiden wollen, »weil sie nicht in die Befugnisse der Gemeinden fallen«, sollen sie erwidern, daß es sich um ein faschistisches Gesetz (von 1931) handelt, sollen Widerstand leisten und deutlicher werden. Es ist bequem, dem Provinzpräfekten die Schuld zu geben und selbst nichts zu unternehmen.

die Kommunisten Aber es kann vorkommen, daß die Gemeinde nichts davon wissen will. Sogar die Kommunisten sind zaghaft, wenn es um Klassenkampf geht. Werden sie den Mut haben, bei Beamten und Ladenbesitzern anzuecken?

Ein hohes Tier der Partei sagte uns, die Schule sei Sache des Staates: »Wenn wir erst einmal an der Macht sein werden ...« Seit der Befreiung vom Faschismus sind zwanzig Jahre verstrichen. An die Macht sind die Kommunisten nicht gekommen. Halt still, Bauer, und laß das Gras wachsen ...

die Priester Die Priester könnten vielleicht die Ergänzungsschule führen. Aber viele wissen nicht mit der Härte des Herrn zu lieben. Sie glauben, der beste Weg, die Reichen zu erziehen, sei jener, sie zu ertragen.

die Gewerkschaftler Die einzigen Klassenorganisationen sind die Gewerkschaften. Also fällt ihnen die Aufgabe der Ergänzungsschule zu. Vorderhand wollen die Gewerkschaftler nichts davon wissen. Sie sagen, in einer modernen Demokratie habe jede Körperschaft ihre Funktion und dürfe sie nicht überschreiten. Auch sie leiden ein bißchen an Schüchternheit.
Und dennoch beschweren sie sich, daß die Jugend heutzutage allem gegenüber gleichgültig sei. Sie sagen, es sei immer schwerer, die Arbeiter zum Streik zu bewegen, Mitglieder zu werben, Aktivisten und voll tätige Mitarbeiter zu finden. Und dabei sehen sie aber zu, wie die Jugend in der Schule der Herren heranwächst.

versucht es zumindest Sobald die Gewerkschaften sich die Finger verbrannt haben, werden sie die Sache noch einmal überdenken. Aber unterdessen könnten sie zumindest örtlich begrenzte Versuche machen.
Die Gewerkschaften CGIL und CISL[22] gemeinsam, in Zusammenarbeit oder auch im Wettbewerb miteinander.
Die Schule kostet wenig: etwas Kreide, eine Tafel, einige geschenkte Bücher, ein paar größere Jungen zum Unterrichten und dann und wann ein Vortragender, der kostenlos Neues zu erzählen weiß.

Ganztagsschule und ihr Inhalt

Don Borghi Während wir diesen Brief schrieben, kam uns Don Borghi[23] besuchen. Er machte folgenden Einwand

»Euch scheint es so wichtig, daß alle Jungen zur Schule gehen und den ganzen Tag dort verbringen. Sie werden als Individualisten und unpolitische Menschen herauskommen, wie die Studenten, die herumlaufen. Genau der Boden, der den Faschismus hervorbringt.
Solange die Lehrer und die Lehrfächer dieselben bleiben wie bisher, ist es desto besser, je weniger Zeit die Jungen dort zubringen. Da ist sogar die Werkstatt eine bessere Schule.
Um die Lehrer und den Inhalt dessen, was gelehrt wird, zu ändern, braucht es ganz andere Dinge als euren Brief. Diese Probleme muß man auf politischer Ebene lösen.«

solange es nichts Besseres gibt Das stimmt. Ein Parlament, das wirklich die Bedürfnisse des ganzen Volkes widerspiegelte und nicht nur jene der Bürgerschicht, würde Euch mit ein paar Strafgesetzen zurechtweisen. Euch und die Lehrprogramme. Aber ins Parlament müssen *wir* gelangen. Die Weißen werden nie die Gesetze erlassen, die die Neger brauchen. Um ins Parlament zu kommen, muß man sich die Sprache zu eigen machen. Vorläufig, solange es nichts Besseres gibt, ist es gut, daß die Jungen auch bei Euch zur Schule gehen.

Berufskrankheit Außerdem seid Ihr sicherlich nicht alle so, wie der Borghi denkt.
Vielleicht habt Ihr Euch gerade dadurch verbildet, daß Ihr in einer solchen Schule unterrichtet. Ihr habt die Herrensöhnchen nicht aus Böswilligkeit vorgezogen, Ihr habt sie nur immer allzusehr unter den Augen gehabt. Zu sehr in der Zahl und zu sehr in der Zeit.
Zum Schluß habt Ihr sie liebgewonnen, und ihre Familien, und die Zeitung, die man bei ihnen zuhause liest.
Wer die Geschöpfe liebt, denen es gut geht, bleibt unpolitisch. Er will nichts ändern.

der Druck der Armen Jetzt aber beginnen die Dinge, sich zu wandeln. Die Schülerzahl steigt, obwohl Ihr durchfallen laßt.
Bei einer Masse von Armen, die Druck ausübt, die die nötigsten Sachen braucht, werdet Ihr nicht weiterhin das Programm für Pierino durchsetzen können.

Um so mehr, wenn Ihr den ganzen Tag Schule haltet. Die Kinder der Armen werden Euch und Eure Lehrprogramme neu machen.
Die Kinder der Armen kennen und die Politik lieben ist ein und dasselbe. Man kann nicht Geschöpfe, die von ungerechten Gesetzen gebrandmarkt sind, lieben, und nicht bessere Gesetze wollen.

3 Ein Ziel

die Schule der Priester   Früher einmal gab es die konfessionelle Schule*. Die hatte ein Ziel, das auch wert war, angestrebt zu werden. Aber sie war nicht für die Ungläubigen.
Alle erwarteten, daß Ihr etwas Großartiges an ihre Stelle setzen würdet. Dann habt Ihr aber etwas Armseliges geboren: die Schule des Eigennutzes.
Nun gibt es die konfessionelle Schule nicht mehr. Die Geistlichen haben die staatliche Gleichstellung verlangt und erteilen nun Zensuren und Zeugnisse wie Ihr. Auch sie stellen den Jungen den Gott Mammon vor.

die kommunistische Schule   Die kommunistische Schule würde etwas bieten, das ein wenig besser ist. Aber ich möchte nicht Lehrer sein und jedes Wort abwägen müssen. In den Augen der Jungen den Zweifel sehen: sagt er, was wahr ist oder was er sagen muß?
Ist es wirklich notwendig, für die Gerechtigkeit diesen Preis zu bezahlen?

gesucht: ein ehrliches Ziel   Gesucht: ein Ziel.
Es muß ehrlich sein. Groß. Und darf im Jungen nichts anderes voraussetzen, als daß er Mensch ist. Das heißt, es muß für Gläubige und Nichtgläubige passen.
Ich kenne es. Der Pfarrer hat es mir gesetzt, seit ich elf Jahre alt bin, und ich danke Gott dafür. Ich habe viel Zeit gespart. Ich wußte Minute um Minute, warum ich lernte.

---

* *Konfessionelle Schule:* Schule, die offen erklärt, die Schüler einer bestimmten Religion oder politischen Idee zuführen zu wollen.

letztes Ziel Das richtige Ziel ist, sich dem Andern zu widmen.
Und wie will man in unserem Jahrhundert anders lieben als durch die Politik oder durch die Gewerkschaft oder durch die Schule? Wir sind souverän. Es ist nicht mehr die Zeit für Almosen, sondern für Entscheidungen. Gegen die Klassisten, die Ihr seid, gegen den Hunger, gegen das Analphabetentum, gegen den Rassismus, gegen die Kolonialkriege.

unmittelbares Ziel Aber das ist nur das letzte Ziel, an das man hin und wieder denken soll. Das unmittelbare Ziel, das man Minute um Minute vor Augen haben muß, ist andere zu verstehen und sich verständlich zu machen.
Und dazu genügt jedenfalls nicht das Italienische, das in der Welt nichts zählt. Die Menschen müssen einander auch jenseits der Grenzen lieben. Also muß man viele Sprachen lernen und lauter lebende.
Ferner ist die Sprache aus Wörtern gebildet, die aus allen Lehrfächern stammen. Also muß man schlecht und recht alle Gegenstände streifen, um den Wortschatz zu erweitern und sich des Wortes zu bemächtigen. In allem Amateur sein und Fachmann in der Kunst des Redens.

humanistisches und Realgymnasium Als man im Parlament über die Mittelschulreform debattierte, blieben wir, die Stummen, still, weil wir nicht dabei waren. Das bäuerliche Italien fehlte dort, wo von seiner Schule gesprochen wurde.
Endlose Diskussionen zwischen Lagern, die entgegengesetzt schienen und gleich waren*.
Sie alle waren aus dem Gymnasium gekommen. Unfähig, eine Handbreit über die Schule hinaus zu sehen, die sie geboren hatte. Wie hätte so ein feiner Herr gegen sich selbst sprechen können? Auf sich selbst spucken und auf die verbildete Bildung, die er selbst war, die die Worte selbst waren, die er sprach.
Die Abgeordneten teilten sich in zwei Lager. Die Rechtsparteien schlugen sich für das Latein. Die Linken für die Naturwissenschaften. Nicht einer dachte an uns, nicht einer

---

* Das sagen wir nicht bloß so. Zwei von uns haben geduldig 156 Seiten Parlamentsprotokolle gelesen.

hatte am eigenen Leib verspürt, wie schwer es ist, Eurer Schule zu folgen*.
Museumsratten die Rechten. Laboratoriumsratten die Linken. Die einen und die anderen fern von uns, die wir nicht zu sprechen wissen und die wir die Sprache von heute notwendig brauchen, nicht die von gestern; die Sprache, nicht Spezialisierungen.

souverän   Denn es ist nur die Sprache, die gleich macht. Gleich ist, wer sich ausdrücken kann und die Ausdrücke anderer versteht. Ob er reich oder arm ist, ist weniger wichtig. Es genügt, daß er spricht.
Die Herren Abgeordneten der Verfassunggebenden Versammlung meinten, wir litten alle an der Lust, anderer Leute Eingeweide zusammenzuflicken oder »Ingenieur« auf unser Briefpapier zu schreiben: »Wer fähig und würdig ist, hat Anrecht, die höchsten Studiengrade zu erreichen, auch wenn er mittellos ist.«**
Versuchen wir lieber, die Jungen zu mehr Ehrgeiz zu erziehen. Souverän zu werden! Was ist da Arzt oder Ingenieur dagegen!

die Karrieremacher   Sobald alle sich das Wort angeeignet haben werden, sollen die Karrieremacher ruhig ihre Studien fortsetzen. Sollen sie nur an die Universität gehen, Diplome erraffen, Geld verdienen, die nötigen Spezialisten stellen.
Es genügt, daß sie für sich keinen größeren Machtanteil beanspruchen, so wie sie es bisher getan haben.

verschwinde   Armer Pierino, fast tust du mir leid. Dein Privileg hast du teuer bezahlt. Du bist von der Spezialisierung, von den Büchern, vom Zusammensein mit immer gleichen Leuten verbildet. Warum verläßt du sie nicht?
Verlaß die Universität, die Ämter, die Parteien. Geh sofort hin und unterrichte. Nur die Sprache, sonst nichts.

---

* Der kommunistische Abgeordnete De Grada hat in der Sitzung vom 14. Dezember 1962 erklärt, daß man „lesen und schreiben in der Volksschule lernt".
** Art. 34 der Verfassung.

Bahne den Armen den Weg, ohne ihn dir selbst zu bahnen. Hör auf zu lesen, verschwinde. Das ist die letzte Aufgabe deiner Gesellschaftsklasse.

die Seele retten Bemühe dich nicht, die alten Freunde zu retten. Wenn du mit ihnen auch nur einmal wieder sprichst, bist du wieder wie vorher.
Zerbrich dir auch nicht den Kopf über die Wissenschaft. Die Habgierigen werden ausreichen, um sie zu pflegen. Sie werden auch die Entdeckungen machen, die uns dienen. Sie werden die Wüste bewässern, Koteletts aus dem Meer holen, Krankheiten besiegen.
Was macht dir das aus? Verdirb dir nicht deine Seele und die Liebe für Dinge, die auch von selbst vorangehen.

Zwei Schüler mit dem Astrolabium, einem Gerät zur lagemäßigen Bestimmung von Gestirnen

Bau eines Regales

Zweiter Teil
In der Lehrerbildungsanstalt laßt ruhig durchfallen, aber . . .

England

die eigentliche Prüfung Nach der Abschlußprüfung für die dritte Mittelschulklasse fuhr ich nach England. Ich war 15 Jahre alt. Zuerst arbeitete ich bei einem Bauern in Canterbury. Dann bei einem Weinhändler in London.
In unserer Schule zählt der Aufenthalt im Ausland soviel wie bei Euch die Prüfungen. Aber er ist Schule und Prüfung zugleich.
Man probt die Bildung am Sieb des Lebens.
Im ganzen ist es eine strengere Prüfung als Eure, aber man verliert wenigstens keine Zeit mit toten Sachen.

Suez Bei unserer Prüfung bin ich gut durchgekommen. Ich bin lebendig nach Hause zurückgekehrt und habe auch Geld mitgebracht. Vor allem aber bin ich voll mit Sachen zurückgekehrt, die ich verstanden hatte und zu erzählen wußte. Vor mir war aus meiner Familie nur Onkel Renato im Ausland gewesen. In Äthiopien im Krieg. Als Kind bat ich ihn, kaum daß ich etwas von Geographie wußte, mir vom Suezkanal zu erzählen. Er hatte nicht einmal gemerkt, daß er durchgefahren war.

Pazifist Mich werdet Ihr nicht ins Ausland bringen, um Bauern umzubringen. Ich war bei ihnen zuhause. Dort war ein Junge, so alt wie ich. Und ein etwas kleineres Mädchen. Sie haben einen Stall wie wir, sie ernten Kartoffeln, mühen sich ab. Warum sollte ich sie töten?
Da sind Sie mir viel fremder. Aber beruhigen Sie sich, leider hat man mich als Pazifisten erzogen.

cockney Denen in London geht es schlechter als denen auf dem Land. Wir waren in den Räumen unter der Erde der

City und luden Lastwagen ab*. Meine Arbeitskollegen waren Engländer und konnten keinen Brief in Englisch schreiben. Oft ließen sie ihn sich von Dick schreiben. Dick fragte manchmal mich um Rat, der ich es nach Schallplatten gelernt hatte. Auch er spricht nur cockney.
Fünf Meter über unseren Köpfen waren diejenigen, die das »Englisch der Königin« sprachen.
Das »cockney« ist davon nicht allzu verschieden, aber wer es spricht, ist gebrandmarkt. In ihren Schulen lassen sie nicht durchfallen. Sie leiten auf minderwertige Schulen ab. Die Armen vervollkommnen sich in ihren Schulen in der minderen Sprache. Und die Reichen in der hohen Sprache. An der Aussprache erkennt man, wie reich einer ist und welchen Beruf sein Vater ausübt. Im Fall einer Revolution wird es leicht sein, sie alle umzubringen.

gegen eine Mauer Als ich nach Italien zurückkam, erinnerte ich mich nicht einmal mehr daran, daß ich schüchtern gewesen war.
Sich an den Grenzen verständlich machen, mit dem Chef und den Monarchisten streiten, sich gegenüber Rassisten und vor Schwulen zu verteidigen, sparen, Entscheidungen treffen, merkwürdige Dinge essen, Post erwarten, mit dem Heimweh fertig werden. Mir schien, ich hätte nunmehr alles durchgemacht und hätte gesiegt.
Es fehlte mir nur, Eure Schule aus der Nähe zu kennen. Jetzt habe ich es versucht. Es war, wie wenn man gegen eine Mauer rennt.

entweder Ihr oder wir Und doch haben sich meine Kameraden überall durchgesetzt. Einige sind schon vollwertige Gewerkschaftler und haben Erfolg. Andere arbeiten in Werkhallen in Florenz und lassen sich von niemandem beeindrucken. Sie arbeiten in den Gewerkschaften, in den Parteien, in den Gemeindeverwaltungen.
Sogar die beiden, die an die Gewerbeoberschule gekommen sind, haben Erfolg. Sie kommen durch wie Pierino.

* *City* (Aussprache: Siti): Stadtteil Londons, wo die großen Geschäftsleute ihren Sitz haben.
Cockney (Aussprache: Kokni): Dialekt der Armen von London.

Unsere Bildung bewährt sich überall dort, wo wirkliches
Leben ist. In der Lehrerbildungsanstalt nützt sie nichts.
Sehen wir uns die Sache so an, wie sie sich zugetragen hat.
Entweder Ihr oder wir. Einer ist auf dem Holzweg.

Stundenplan   Um nach Florenz zu kommen, stand ich
jeden Tag um fünf Uhr auf. Mit dem Moped nach Vicchio,
dann mit dem Zug. Im Zug kann man schwer lernen: Schläfrigkeit, Gedränge, Lärm.
Um acht Uhr war ich vor dem Schultor und wartete auf die,
die um sieben Uhr aufstehen. Vier Stunden täglich im Rückstand.

Kalender   Ich war am 1. Oktober[24] dort; Sie nicht.
Man sagte uns, wir sollten am sechsten wiederkommen. An
der »Leonardo-da-Vinci«-Schule wurde gesagt, man solle am
dreizehnten wiederkommen.
Schuld an dieser Verspätung ist ein Gemisch von Heiligen
und Faulenzern. Sogar der heilige Franziskus[25] dient Euch
als Vorwand, um den Armen einen weiteren Schultag zu
stehlen. Nach vier Monaten ohne Schule.
Ich habe nie genau herausgefunden, ob die Faulenzer in der
Schule, beim Schulamt oder beim Ministerium zu suchen
sind.
Sicher aber handelt es sich um Leute, die 13 Monate[26] im Jahr
bezahlt werden.
Wenn ein Arbeiter seine Stechkarte fünf Minuten zu spät
abstempeln läßt, wird ihm eine halbe Stunde abgezogen.
Macht er es öfter, verliert er den Arbeitsplatz.
Die Eisenbahn ist staatlich wie Ihr und funktioniert. Wenn
wir einen Schienenübergang überqueren, sind wir ohne Sorge.
Der Schrankenwärter ist an seinem Platz und tut seine Arbeit.
Sommer und Winter, Tag und Nacht. Wenn einer auch nur
einmal fehlt, gibt es eine Zeitungsnachricht. Er erzählt uns
keine Geschichten über Stellenpläne, Hilfslehrer, Bauchweh
des Kindes. Er kommt ins Gefängnis.
Warum dürft nur Ihr Ausnahmen machen?
Vielleicht ist es den Herren wichtiger, daß die Eisenbahn
funktioniert als die Schule. Die Schule haben ihre Kinder zuhause, sogar bei Tisch, die Eisenbahn nicht.

Den Herren genügt es, wenn Ihr im Juni bereit steht und Diplome ausstellt.

Selbstmörderische Auslese

vergeßlich Im ersten Teil dieses Briefes haben wir gesehen, welchen Schaden Ihr den Abgewiesenen zufügt. In Florenz aber habe ich gesehen, wie sehr der Borghi recht hatte. Den größten Schaden habt Ihr den Auserlesenen angetan.
Der Junge, der immer durchkommt, bleibt in der Klasse. Beständiger als die Lehrer. Er müßte sich an seine Kameraden binden können, sich kümmern, was für ein Ende sie genommen haben.
Aber es sind zu viele. Im Lauf von acht Jahren wurden von seiner Seite vierzig Kameraden gerissen und wie dürre Äste verbrannt. Dazu haben nach Abschluß der Mittelschule weitere fünf die Schule verlassen, obwohl sie durchgekommen waren, und so sind es 45. Von ihnen und ihren Problemen weiß er nichts mehr.

überheblich In der zweiten Volksschulklasse war Pierino mit allen zusammen. In der fünften ist es schon eine engere Gruppe. Von 100 Menschen, denen er auf der Straße begegnet, sind ihm schon 40 »unterlegen«.
Nach Abschluß der Mittelschule steigt die Anzahl der »Unterlegenen« auf 90. Nach Abschluß der Oberschule auf 96. Nach Abschluß der Universität auf 99[*].
Jedesmal hat er gesehen, daß sein Zeugnis besser war als jenes der Kameraden, die er verloren hat. Die Lehrer, die jene Zeugnisse ausgestellt haben, haben ihm in die Seele geschrieben, daß die anderen 99 eine mindere Bildung besitzen.
Es wäre in dieser Lage ein Wunder, wenn seine Seele dabei nicht krank herauskäme.

---

[*] Volkszählung 1961, siehe „Compendio Statistico Italiano" [ital. statistisches Handbuch] 1966, Tafel 17. Volksschulabschluß 27 590 000 (60,5 %), Mittelschule 4 375 000 (9,6 %), Oberschule 1 940 000 (4,2 %), Hochschulabschluß 603 000 (1,3 %).

der Lohn der Armen   Und sie ist tatsächlich krank, denn die Lehrer haben ihn belogen. Die Bildung jener 99 ist nicht minderer Art, sie ist anders.
Die wahre Bildung, jene, die noch kein Mensch besessen hat, besteht aus zwei Dingen: zur Masse zu gehören und das Wort zu besitzen.
Eine Schule, die Auslese betreibt, zerstört die Bildung. Den Armen nimmt sie die Möglichkeit, sich auszudrücken. Den Reichen nimmt sie die Kenntnis der Tatsachen.
Gianni: unglücklich, weil er sich nicht ausdrücken kann, aber glücklich, weil er zur großen Welt gehört. Bruder ganz Afrikas, Asiens, Lateinamerikas. Er kennt von innen heraus die Nöte der Vielen.
Pierino: glücklich, weil er zu reden versteht. Unglücklich, weil er zuviel redet. Er, der nichts wichtiges zu sagen hat. Er, der nur Dinge nachsagt, die er in Büchern gelesen hat, von anderen geschrieben, die sind wie er. Eingezwängt in eine kleine, auserlesene Gruppe. Ausgeschlossen aus der Geschichte und der Geographie.
Die Auslese-Schule ist eine Sünde gegen Gott und die Menschen. Aber Gott hat seine Armen verteidigt. Ihr wollt sie stumm, aber Gott hat Euch blind gemacht.

blind   Wer das nicht glaubt, soll einmal am Tag der »festa delle matricole« in die Stadt gehen*.
Die jungen Herren schämen sich ihres Privilegs so wenig, daß sie sich eine Mütze aufsetzen, um sich zu erkennen zu geben. Dann spielen sie einen ganzen Tag lang ihr Theater, allein wie Hunde mitten auf der Straße. Unzüchtigkeiten, Gesetzesübertretungen, Behinderung des Verkehrs und der Arbeit. Einem Schutzmann nehmen sie seine Mütze ab und setzen ihm eine andere mit Klistierröhren auf.
Der Schutzmann erträgt es schweigend. Er hat verstanden, was die Herren wollen. Unordnung heißt nur das, was die

---

* „*matricole*": die zum erstenmal eingeschriebenen Studenten.
[*„festa delle matricole"*: jährlich findet in Universitätsstädten ein Fest statt, um die Studenten des ersten Jahres in die Studentenschaft aufzunehmen. Dabei wird vielfach der Verkehr stillgelegt, Restaurants werden „überfallen" usw. Solche „feste delle matricole" werden von unpolitischen Studenten, meist aus wohlhabenden Familien, veranstaltet. Die Studenten tragen dabei Studentenmützen, in Italien üblich. (A. d. Ü.)]

Arbeiter hervorrufen, wenn sie streiken: geordnet, ernsthaft, von verzweifelter Notwendigkeit getrieben.
Die jungen Herren, die da ihr Theater spielen, merken nicht, daß die Unterwürfigkeit jenes Polizisten eine Anklage gegen sie ist.
So wie sie den Blick eines Arbeiters nicht merken, der vorbeigeht und nicht lacht. Sie sind imstande und halten auch ihn auf, um ihm ein Almosen abzubetteln.

Unterhalt Das Almosen gibt ihnen der Arbeiter jeden Tag, sogar wenn er seine Suppe salzt*. Die Studenten studieren auf seine Kosten. Aber sie wissen das nicht oder wollen es nicht wissen.
Ein Schüler der Oberschule kostet die Armen 298 000 Lire im Jahr. Sein Vater bezahlt an Schulgebühren jährlich 9800 Lire.
Ein Universitätsstudent kostet die Armen jährlich 368 000 Lire. Sein Vater legt davon 44 000 aus.
Ein Arzt kostet in seinem Werdegang die Armen insgesamt 4 586 000 Lire. Sein Vater gibt davon 244 000 Lire aus**.
Mit diesem Doktorat, das ihm die Armen geschenkt haben, verlangt er dann von den Armen 1500 Lire für eine viertelstündige Visite, streikt gegen ihre Krankenkasse und ist gegen ein verstaatlichtes Gesundheitswesen wie in England.

daraus werden Faschisten Die Mehrheit der Kameraden, die ich in Florenz getroffen habe, lesen nie Zeitung. Wer liest, liest die Zeitung der Herren[27]. Ich habe einen gefragt, ob er wisse, wer diese Zeitung finanziert: »Niemand. Sie ist unabhängig.«
Von Politik wollen sie nichts wissen. Einer hörte mich von Gewerkschaft (ital.: »sindacato«) sprechen und verwechselte es mit Bürgermeister (ital.: »sindaco«).
Vom Streik haben sie nur gehört, daß er die Produktion schädigt. Sie fragen sich nicht, ob das stimmt.
Drei sind erklärte Faschisten.

---

* Die Verbrauchssteuer auf das Salz bringt jedes Jahr 19 Milliarden Lire.
** „Relazione generale sulla situazione economica del paese" [Allgemeiner Bericht über die wirtschaftliche Lage des Landes], 1965, II. Bd., Seite 495.
Die Universitätsgebühr von 44 000 Lire ist die der medizinischen Fakultät und gehört zu den höchsten.

Achtundzwanzig Unpolitische und drei Faschisten macht 31 Faschisten.

noch blinder   Es gibt auch andere Studenten und Intellektuelle: sie lesen alles und gehören Linksparteien an. Aber vielleicht sind sie noch blinder.
Den am weitesten links stehenden Oberlehrer hörte ich im Rahmen einer Veranstaltung der »Vereinigung Lehrer und Familien« sprechen. Als die Rede auf die Ergänzungsschule kam, entschlüpften ihm folgende Worte: »Aber ihr wißt nicht, daß ich wöchentlich 18 Schulstunden halte!«
Der Saal war voll mit Arbeitern, die um vier Uhr früh aufstehen, um den Zug um 5.39 Uhr zu erreichen. Von Bauern, die im Sommer 18 Stunden am Tag arbeiten.
Niemand antwortete, niemand lachte. Fünfzig Augenpaare blickten ihn undurchdringlich und schweigend an.

Der Zweck

sauer   Die Frucht der Auslese ist eine saure Frucht, die nie zur Reife gelangt. Ich entdeckte, daß die Mehrzahl meiner Kameraden an der Lehrerbildungsanstalt aus Zufall dort waren oder weil es die Eltern so beschlossen hatten.
Ich bin an die Tür Eurer Schule mit einer neuen Schultasche gekommen. Meine Schüler haben sie mir geschenkt. Mit 15 Jahren hatte ich schon mein erstes Gehalt als Lehrer bekommen.
Das hatte ich Ihnen nicht gesagt, und den Kameraden auch nicht. Ich werde auch meine Fehler gemacht haben, aber in Eurer Schule ist es schwer zu sprechen. Wer weiß, was er will und Gutes tun will, wird als Idiot hingestellt.

geizig   Keiner meiner Kameraden sprach davon, Lehrer werden zu wollen. Einer sagte mir: »Ich will in eine Bank gehen. In der Handelsoberschule ist mir zuviel Mathematik, im Gymnasium zuviel Latein, da bin ich hierher gekommen.«
Die letzte Angabe über Leute wie diesen findet sich in der Volkszählung von 1961. 675 975 Bürger haben das Diplom

der Lehrerbildungsanstalt*. Ziehen wir 60 000 Lehrer im Ruhestand ab, 201 000 die in jenem Jahre unterrichteten und 120 000 die darauf warteten, unterrichten zu können (nämlich die Bewerber zur Ausschreibung). Es verbleiben ungefähr 330 000 Bürger, die unterrichten könnten und es nicht tun (43 %).

unzufrieden Mehr als einer meiner Kameraden sagte mir, er wolle an die Universität gehen, wisse aber noch nicht, in welchen Zweig.
Im Jahr 1963 bestanden 22 266 die Abschlußprüfung der Lehrerbildungsanstalt. Im darauffolgenden Jahr finden wir 13 370 von ihnen an der Universität eingeschrieben.
Von 100 jungen Menschen, die Ihr zu Lehrern ausbildet, sind 60 damit nicht zufrieden**.

Lehrer ist... Eine einzige Mitschülerin schien mir einigermaßen entwickelt. Sie lernte aus Liebe zum Studium. Sie las schöne Bücher. Sie schloß sich in ihr Zimmer ein, um Bach zu hören***.
Das ist die höchste Frucht, die eine Schule wie die Eure geben kann.
Mir hingegen hat man beigebracht, daß das die schlimmste Versuchung ist. Das Wissen dient nur dazu, es weiter zu geben. »Lehrer ist einer, der keinerlei kulturelle Interessen hat, wenn er allein ist.«

geschlossene Schule Ich verstehe, daß es auch für Euch entmutigend sein muß, zu derartigen Jungen wie jenen über den Beruf des Lehrers zu sprechen. Aber haben die Jungen Euch verdorben oder Ihr die Jungen?
Es besteht die Tendenz, die Zahl der Universitätsfakultäten zu erweitern, deren Besuch nach Abschluß der Lehrerbildungsanstalt möglich ist. So wird die Ausbildung der Lehrer immer unverbindlicher und unwilliger.

---

* In der Volkszählung wurde der höchste erreichte Studiengrad angegeben. Es fehlen also in dieser Zahl jene, die nach Abschluß der Lehrerbildungsanstalt noch die Universität besucht haben.
** „Annuario Statistico dell'Istruzione italiana" [Statistisches Jahrbuch der Schulbildung in Italien] 1965, Tafel 152 und Tafel 200.
*** *Bach:* deutscher Komponist um 1700.

Um einen guten Lehrer auszubilden, bedarf es einer geschlossenen Schule, die keinerlei Wege zum Weiterstudium eröffnet. So daß sich jemand, der dorthin kommt, um nachher in eine Bank zu gehen, unwohl und fremd fühlt. So daß sich der Junge bäuerlicher Herkunft, der seine Entscheidung schon getroffen hat, zuhause fühlt.

notwendige Auslese Das Problem liegt hier ganz anders als bei der Pflichtschule. Dort hat jeder ein ureigenes Recht, zur Gleichheit gebracht zu werden. Hier hingegen handelt es sich nur um Befähigung.
Man baut spezialisierte Bürger im Dienste der anderen. Sie müssen zuverlässig sein.
Bei der Zulassungsprüfung zum Führerschein zum Beispiel sollt Ihr streng sein. Wir wollen nicht auf den Straßen hingemäht werden. Ebenso für den Apotheker, für den Arzt, für den Ingenieur.

Achtung auf den Zweck Aber laßt nicht den Kraftfahrer durchfallen, weil er nicht Mathematik kann oder den Arzt, weil er die Dichter nicht kennt.
Sie haben mir wörtlich gesagt: »Siehst du? Latein kannst du nicht. Warum besuchst du nicht eine Fachschule?«
Seid Ihr sicher, daß man Latein braucht, um ein guter Lehrer zu werden? Vielleicht habt Ihr nie darüber nachgedacht. Das Wort Lehrer fällt Euch gar nicht ein. Ihr seht nur die Lehrprogramme, so wie sie sind, und tut nichts dagegen.

das Individuum Hättet Ihr Euch wenigstens soweit um mich gekümmert, um mich danach zu fragen, woher ich kam, wer ich war, wohin ich ging, so wäre das Latein vor Euren Augen schon ein wenig verschwommen.
Aber vielleicht hättet Ihr etwas dagegen gehabt. Ein Junge, der mit 15 Jahren weiß, was er will, macht Euch Angst. Ihr spürt den Einfluß seines Lehrers heraus.
Wehe dem, der Euch Hand an das INDIVIDUUM legt. Die FREIE ENTWICKLUNG DER PERSÖNLICHKEIT ist Euer oberstes Glaubensbekenntnis. Die Gesellschaft und ihre Nöte kümmern Euch nicht.
Ich bin ein Junge, der unter dem Einfluß seines Lehrers steht,

und rühme mich dessen. Auch er rühmt sich dessen. Woraus bestünde denn sonst die Schule?
Die Schule ist der einzige Unterschied zwischen Mensch und Tier. Der Lehrer gibt dem Schüler alles das, was er glaubt, liebt und hofft. Der Junge wächst heran und fügt etwas hinzu, und so macht die Menschheit Schritte voran.
Die Tiere gehen nicht zur Schule. In FREIER ENTWICKLUNG IHRER PERSÖNLICHKEIT machen die Schwalben ihr Nest seit Jahrtausenden in gleicher Weise.

das Seminar Man hat mir gesagt, daß es sogar im Priesterseminar Jungen gibt, die sich quälen, um *ihre* Berufung zu finden. Wenn Ihr ihnen von der Volksschule an gesagt hättet, daß wir alle dieselbe Berufung haben, nämlich das Gute dort zu tun, wo wir sind, würden sie nicht die besten Jahre ihres Lebens vergeuden, um an sich selbst zu denken.

Schule für den Dienst an der Gesellschaft Man könnte höchstens zwei Schulen einrichten, wenn Ihr noch etwas Zeit für genaue Entscheidungen lassen wollt.
Eine Schule könnte man »Schule für den Dienst an der Gesellschaft« nennen, von 14 bis 18 Jahren. Es besuchen sie jene, die beschlossen haben, ihr Leben nur für die anderen zu verwenden. Mit derselben Ausbildung könnte man Priester, Lehrer (für die acht Pflichtschuljahre), Gewerkschaftler, Politiker werden. Vielleicht noch mit einem Jahr für die spezialisierte Fachausbildung.
Die anderen Schulen würden wir »Schule für den Dienst am Ich« nennen, und hierfür könnte man die gegenwärtig bestehenden Schulen ohne jede Änderung beibehalten.

hohe Ziele Die Schule für den Dienst an der Gesellschaft könnte es sich erlauben, hohe Ziele anzustreben. Ohne Zensuren, ohne Klassenbuch, ohne Spiel, ohne Ferien, ohne Nachgiebigkeit gegenüber Ehe oder Laufbahn. Alle Schüler gerichtet auf die vollkommene Hingabe.
Unterwegs könnte dann einer auf ein etwas weniger hohes Ziel treffen. Ein Mädchen finden, sich begnügen, eine engere Familie zu lieben.
Wenn er die besten Jahre seines Lebens damit verbracht hat,

sich auf die unbegrenzte Familie vorzubereiten, wird er nichts versäumt haben. Im Gegenteil, er wird ein besserer Vater oder eine bessere Mutter sein, voll von Idealen, fähig, ein Kind aufzuziehen, das wiederum diese Schule besucht.
Eure Schule für den Dienst am Ich aber möchte alle auf die Ehe vorbereiten. Sie hat dabei wenig Erfolg, auch bei denen, die tatsächlich heiraten. Wer sich aber nicht verheiratet, wird ein verknöcherter Junggeselle.

arbeitslose Lehrer Man hört Klagen, daß es zu viele Lehrer gebe. Das stimmt nicht. Die Wahrheit ist, daß diese Stelle von vielen begehrt wird, denen überhaupt nichts daran liegt, wirklich Lehrer zu sein. Wenn Ihr die Arbeitsstunden erhöht, werden sie alle verschwinden.
Eine verheiratete Lehrerin bezieht ein gleich hohes Gehalt wie ihr Mann. Aber praktisch ist sie so wenig außer Haus, wie eine nicht berufstätige Hausfrau. Eine vorbildliche Gattin und Mutter. Bei jeder Erkältung des Kindes bleibt sie zuhause. Wer würde nicht eine solche Frau heiraten?
Außerdem gibt es Zehntausende von freien Stellen in den Mittelschulen[28]. Ihr habt sie jedem Hergelaufenen gegeben, wenn er nur von akademischer Rasse war oder von der, die auf dem Wege dazu ist (Apotheker, Tierärzte, Studentlein). Nicht gegeben habt Ihr sie den Lehrern, die jahrelange Schulerfahrung mitbringen konnten.

Kaste Die Abgeordneten, die jetzt im Amt sind, werden nie den Lehrern die Mittelschule öffnen.
Im Gegenteil. Einige schlagen vor, auch für Volksschullehrer ein Hochschulstudium zu verlangen. Sie sagen, Pädagogik und Psychologie seien nun einmal Wissenschaften. Man müsse sie an der Universität erlernen.
Wenn die Akademiker die Schule kritisieren und sagen, sie sei krank, vergessen sie, daß sie selbst ihre Erzeugnisse sind. Bis zum Alter von 25 Jahren haben sie ihre Infektion eingezogen. Sie sind nicht mehr imstande zu glauben, jemand könnte etwas wert sein, wenn er ihre Studien nicht gemacht hat.
Dann aber, wenn sie in die Sprechstunde zum Lehrer des Kindes gehen, sprechen sie mit ihm, wie man mit einem aus

der Familie reden würde. Sie verheimlichen ihm nichts, sie arbeiten zusammen.
Wenn sie mit dem Lehrer in der Mittelschule sprechen, messen sie ihre Worte, wie wenn man mit einem Gegner spricht.
Sie wollen es nicht sagen, aber auch sie wissen es. Die Volksschullehrer haben ihren Wert, weil sie wenig in der Schule waren. Die Mittelschullehrer sind so, wie sie sind, weil sie alle Akademiker sind.

Die Bildung, die notwendig ist

Auszug Auf den Bergen können wir nicht bleiben. Auf den Feldern sind wir zu viele. Alle Wirtschaftsfachleute sind sich darüber einig.
Und selbst wenn es nicht so wäre? Versetzen Sie sich in die Lage meiner Eltern. Daß Ihr Sohn ausgeschlossen bliebe, würden Sie nicht zulassen. Also müßt Ihr uns auch aufnehmen. Aber nicht als Bürger zweiter Klasse, gut genug als Handlanger.
Jedes Volk hat seine Kultur, und kein Volk hat weniger als ein anderes. Unsere Kultur ist ein Geschenk, das wir Euch mitbringen. Ein bißchen Leben in die Spröde Eurer Bücher, die von Leuten geschrieben sind, die wieder nur Bücher gelesen haben.

Bauernkultur Wenn man ein Lesebuch durchblättert, ist es voll von Pflanzen, Tieren, Jahreszeiten. Es sieht aus, als ob es nur ein Bauer schreiben könnte.
In Wirklichkeit aber kommen die Verfasser aus Eurer Schule. Man braucht nur die Bilder anzuschauen: linkshändische Bauern, runde Schaufeln, Hacken wie Häkelnadeln, Schmiede mit den Werkzeugen der Römer, Kirschbäume mit Blättern wie Pflaumenbäume.
Meine Lehrerin in der ersten Volksschulklasse sagte mir: »Steig auf jenen Baum und hole mir zwei Kirschen herunter.« Als meine Mutter das hörte, sagte sie: »Wer hat die nur auf die Kinder losgelassen?«
Ihr habt ihr das Lehrbefähigungsdiplom verliehen und mir verweigert. Dabei habe ich nie in meinem Leben einfach

»Baum« gesagt. Ich kenne jeden einzelnen Baum beim Namen.
Ich kenne auch das Reisig. Ich habe es geschnitten, gesammelt und zum Brotbacken verwandt. Sie haben mir in einer Schularbeit das Wort »sormenti« (Dialekt für Reisig, ital.) als Fehler angestrichen. Sie behaupten, man sagt »sarmenti«, weil die Römer es so sagten. Und dann gehen Sie heimlich in einem Wörterbuch nachsehen, was das überhaupt ist!

allein wie Hunde Auch über die Menschen wißt Ihr weniger als wir. Der Aufzug ist eine Maschine, um die Mitbewohner eines Hauses nicht zur Kenntnis zu nehmen. Das Automobil eine Maschine, um die Menschen nicht zur Kenntnis zu nehmen, die mit der Straßenbahn fahren. Das Telephon eine Maschine, um nicht ins Gesicht zu sehen oder das Haus zu betreten.
Für Sie trifft es vielleicht nicht zu, aber für Ihre Jungen, die Cicero kennen: von wie viel Lebenden kennen sie die Familie von nahe?* Wie vieler Leute Küche haben Sie betreten? Wie vielen Nachtwache gehalten? Von wie vielen die Verstorbenen auf den Schultern zu Grabe getragen? Auf wie viele können Sie im Notfall zählen? Wenn die Überschwemmung[29] nicht gewesen wäre, wüßten Sie heute noch nicht, aus wieviel Personen die Familie im Erdgeschoß besteht.
Ich war mit jenen Kameraden ein Jahr lang auf der Schule, und weiß nichts von ihrem Haus. Und dennoch sind sie nie still. Oft hört man ihre Stimmen sogar durcheinander, und sie reden weiter, als ob nichts wäre. Es hört ja sowieso jeder nur sich selbst zu.

menschliche Bildung Unter Ihren Fenstern dröhnen tausend Motoren täglich. Sie wissen nicht, wer sie sind noch wohin sie gehen.
Ich kann die Geräusche dieses Tales viele Kilometer weit im Umkreis deuten. Dieser ferne Motor ist Nevio, der mit einiger Verspätung zum Bahnhof fährt. Wollen Sie, daß ich Ihnen alles über hunderte von Geschöpfen sage? Über Dutzende von Familien, Verwandtschaften, Bindungen?

---

* *Cicero:* lateinischer Schriftsteller.

Wenn Sie mit einem Arbeiter reden, machen Sie alles falsch: die Worte, den Ton, die Scherze. Ich weiß, was ein Bergbewohner denkt, wenn er still ist und weiß, was er denkt, während er etwas anderes sagt.
Das ist die Kultur, die jene Dichter gewünscht hätten, die Sie lieben. Neun Zehntel der Erde haben sie, und niemandem ist es gelungen, sie zu schreiben, zu malen, zu filmen.
Seid wenigstens bescheiden. Eure Bildung hat ebenso große Lücken wie die unsere. Vielleicht noch größere. Sicher aber für einen Volksschullehrer schädlichere.

Die Bildung, die Ihr verlangt

Latein Das wichtigste Fach bei Euch ist das, was wir als Volksschullehrer sowieso niemals lehren werden.
Ihr fordert sogar Übersetzungen vom Italienischen ins Lateinische. Aber wer hat genau bezeichnet, wo Latein aufhört und Italienisch beginnt?
Jemand – weiß Gott, wer – hat Euch sogar eine Grammatik geschrieben. Aber das ist ein gemeiner Betrug. Denn bei jeder Regel müßte man die Zeit und die Gegend angeben, in der man so gesprochen hat.
Die Karrieremacher unter den Jungen lassen sich Sand in die Augen streuen und lernen sie auswendig. Ihnen kommt es nur darauf an durchzukommen und mit anderen ebenso zu verfahren, sobald sie Oberschullehrer sein werden.
Sie haben mir in einer Aufgabe »portavit«* als Fehler angestrichen. Für Sie ist es ein Verbrechen, die Dinge einfach zu lösen, wenn es auch kompliziert möglich ist. Merkwürdig ist nur, daß Cicero häufig »porto« verwendete. Er war Römer, und war sich dessen nicht einmal bewußt**.

Mathematik Das zweite verfehlte Fach ist Mathematik. Um sie in der Volksschule zu lehren, genügt es, die Volksschulmathematik zu beherrschen. Wer bis zur dritten Klasse

---

* *portavit:* um „tragen" zu übersetzen, gibt es im Lateinischen zwei Wörter. Ein leichtes (porto) und ein schweres (fero).
** Dieser Satz ist ein Vers aus dem Gedicht „Scoperta dell'America" [Entdeckung Amerikas] von Cesare Pascarella (Dichter im römischen Dialekt).

der Mittelschule gekommen ist, hat schon drei Jahre zuviel. Im Programm der Lehrerbildungsanstalt kann man sie also abschaffen. Viel wichtiger wäre zu lernen, wie man sie lehrt, aber das ist nicht Mathematik. Das ist Sache des Praktikums oder der Pädagogik.
Was die höhere Mathematik als Teil der Allgemeinbildung betrifft, so kann man einen anderen Ausweg finden. Zwei oder drei Vorträge eines Fachmanns, der mit Worten sagen kann, worin sie besteht.
Wenn in Zukunft den gegenwärtigen Volksschullehrern die ganze Pflichtschule anvertraut wird, ändert sich das Problem auch nicht.
Es stimmt nicht, daß man die Universität besucht haben muß, um Mathematik an der Mittelschule zu unterrichten. Das ist eine Lüge, von der Kaste der Akademiker erfunden. Damit hat sie ihre Pfote auf 20 478 besondere Arbeitsplätze gelegt. Es ist das Lehrfach, in dem man am wenigsten arbeitet (16 Wochenstunden). Es ist jenes, in dem man sich nicht weiterzubilden braucht. Es genügt, jahrelang denselben Blödsinn zu wiederholen, den jeder brave kleine Junge der dritten Mittelschulklasse weiß. Die Verbesserung der Arbeiten läßt sich in einer Viertelstunde schaffen. Die Aufgaben, die nicht richtig gelöst sind, sind eben falsch.

Philosophie[30]   Wenn man die Philosophen aus dem Handbuch studiert, werden sie einem alle verhaßt*. Es sind zu viele, und sie haben zuviel Zeug gesagt.
Unser Lehrer hat nie Partei ergriffen. Wir haben nicht verstanden, ob er mit allen einverstanden ist, oder ob ihm alle egal sind.
Zwischen einem gleichgültigen und einem besessenen Lehrer ziehe ich den besessenen vor. Einen, der entweder eine eigene Vorstellung hat, oder einen Philosophen, der ihm zusagt. Er soll nur von dem sprechen, und schlecht über die andern reden, er soll ihn uns im Urtext drei Jahre lang vorlesen. Wir werden dann, wenn wir die Schule verlassen, überzeugt sein, daß die Philosophie ein Leben erfüllen kann.

* *Philosoph:* Denker.
Handbuch der Philosophie: ein Buch, das zusammenfaßt, was die Philosophen in ihren Büchern gesagt haben.

Pädagogik Pädagogik, so wie sie betrieben wird, würde ich abschaffen. Aber ich bin nicht sicher. Würdet Ihr mehr davon bringen, würde man vielleicht entdecken, daß sie uns etwas zu sagen hat.
Und dann würde man vielleicht darauf kommen, daß sie uns nur eins zu sagen hat. Daß die Jungen alle verschieden sind, daß die geschichtlichen Lagen verschieden sind und also auch jeder Augenblick desselben Jungen, daß die Länder, die Lebensbereiche, die Familien alle verschieden sind.
Dann würde vom ganzen Buch knapp eine Seite genügen, um das zu sagen, und den Rest könnte man wegwerfen.
In Barbiana verging kein Tag, ohne daß wir auf pädagogische Probleme stießen. Aber nicht unter diesem Namen. Für uns trugen sie immer den genauen Namen eines Jungen. Fall für Fall, Stunde um Stunde.
Ich glaube nicht, daß es eine Abhandlung irgend eines Herrn gibt, in der etwas über Gianni steht, was wir nicht wissen.

Evangelium Drei Jahre verwendet Ihr auf häßliche Übersetzungen alter Dichtungen (Ilias, Odyssee, Äneis). Drei Jahre auf Dante[31]. Und nicht einmal eine Minute auf das Evangelium.
Sagt nicht, daß für das Evangelium die Priester zuständig sind. Auch wenn man vom religiösen Problem absieht, bleibt es doch das Buch, das man in jeder Schule und in jeder Klasse studieren sollte. In der Literatur hätte das längste Kapitel dem Buch gebührt, das das tiefste Zeichen hinterlassen, das über die Grenzen hinweg gewirkt hat.
In Erdkunde hätte das ausführlichste Kapitel von Palästina handeln müssen. In Geschichte von den Tatsachen, die dem Leben des Herrn vorangegangen sind, es begleitet haben und ihm gefolgt sind. Darüber hinaus hätte es noch ein eigenes Lehrfach gebraucht: Überblick über das Alte Testament, Lesung der Evangelien nach einer Synopse, Textkritik, sprachliche und archäologische Fragen*.

---

* *Synopse:* Buch, in dem die vier Evangelien eines neben dem andern abgedruckt sind statt hintereinander.
Textkritik: Studium der Unterschiede, die sich in den alten Handschriften des Evangeliums finden.
Archäologie: Erforschung altertümlicher Gegenstände, die man unter der Erde gefunden hat.

Wieso habt Ihr nie daran gedacht? Vielleicht war demjenigen, der Euch die Schule eingerichtet hat, Jesus irgendwie verdächtig: zu sehr Freund der Armen und zu wenig Freund des Eigentums.

Religion Sobald Ihr einmal dem Evangelium den Platz gegeben habt, der ihm gebührt, wird die Religionsstunde eine ernst zu nehmende Angelegenheit sein.
Es wird nur darum gehen, die Jungen in der Auslegung des Textes anzuleiten. Das könnte der Priester tun, womöglich in Auseinandersetzung mit einem nichtgläubigen Lehrer, der aber ernst zu nehmen sein muß. Das heißt, er muß das Evangelium kennen wie der Priester.
Sobald Ihr solche Lehrer sucht, werden die Grenzen Eurer Bildung zutage treten. In Florenz gibt es Dutzende von Priestern, die fähig sind, eine hochstehende Bibel-Lektion zu halten. Leute, die den griechischen Text fließend lesen und bei Bedarf auch den hebräischen heranzuziehen wissen*.
Wüßtet Ihr mir den Namen eines Weltlichen zu nennen, der ernsthaft darauf vorbereitet wäre, ihm die Stange zu halten? Aber einer, der aus Euren Schulen kommt, nicht aus dem Priesterseminar.
Ich habe einen Vortrag eines jungen Intellektuellen gehört — er war einer von denen, die alle Bücher gelesen haben, die es in der Welt gibt (das eine ausgenommen): »Wenn das Weizenkorn nicht zur Erde fällt und stirbt, bringt es keine Frucht, wie Gide sagt.«**
Ich weiß zwar nicht, wer dieser Gide ist. Aber das Evangelium studiere ich seit Jahren und werde es mein ganzes Leben lang studieren.

der Graf Bei Leuten, die das Evangelium vergessen, muß man sich auf allerhand gefaßt machen. Es kommt einem der Zweifel an allem, was Ihr lehrt. Es kommt einem die Lust zu wissen, wer die wesentlichen Entscheidungen getroffen hat.

---

* Der älteste Teil der Bibel ist in hebräischer Sprache geschrieben. Der neuere Teil (z. B. das Evangelium) ist griechisch geschrieben.
** *Gide:* Wir haben im Lexikon gesehen, daß er ein französischer Schriftsteller ist. Wahrscheinlich hat er diesen Satz des Evangeliums in einem seiner Bücher erwähnt und der Professor meinte, er würde von ihm stammen.

Tatsache ist, daß Eure Schule unter einem schlechten Stern geboren wurde.
Sie wurde 1859 geboren. Ein König wollte die Besitztümer seiner Familie ausweiten. Er begann, einen Krieg vorzubereiten. Zu allererst setzte er einen General an die Spitze der Regierung. Dann schickte er die Abgeordneten in Urlaub. Dann berief er einen Grafen und ließ ihn das Gesetz über den öffentlichen Unterricht schreiben*.
Dieses Gesetz, das mit Waffengewalt in ganz Italien durchgesetzt wurde, ist noch heute das Gerüst Eurer Schule**.

Geschichte Geschichte ist das Fach, das am meisten darunter gelitten hat.
Es mag ja manches Buch geben, das ein wenig anders ist. Aber ich möchte eine Statistik über die meistverbreiteten Geschichtsbücher haben.
Im allgemeinen ist das nicht Geschichte. Es ist eine engherzige und eigennützige Kurzerzählung, wie sie der Sieger dem einfachen Bauern liefert. Italien im Mittelpunkt der Welt. Die Unterlegenen alle böse, die Sieger alle gut. Es wird nur von Königen, Generälen, sinnlosen Kriegen zwischen Nationen geredet. Die Leiden und Kämpfe der Arbeiter übersehen oder in ein Winkelchen verbannt.
Wehe dem, der den Generälen oder Waffenfabrikanten mißfällt. Im Geschichtsbuch, das als das modernste gilt, wird Gandhi in neun Zeilen erledigt. Ohne auch nur einen Hinweis auf seine Überzeugung, und noch weniger auf seine Methode.

Staatsbürgerkunde[32] Ein weiteres Fach, das Ihr nicht behandelt, von dem ich aber wissen möchte, ist Staatsbürgerkunde.

---

* *ein König:* Viktor Emanuel II.
ein General: Alfonso La Marmora.
in Urlaub: anläßlich des Krieges löste Viktor Emanuel das Parlament auf und übernahm allein die Regierungsgewalt.
ein Graf: Gabrio Casati. Das Gesetz Casati stammt vom 13. November 1859. Es wurde weder vom piemontesischen Parlament, noch später vom italienischen beschlossen.
** „... trotz der Reform von 1923 und jener von 1930-1940, und trotz der neuen verfassungsrechtlichen Lage der Schule nach der Einführung der Republik bleibt das Gesetz Casati dennoch der große Leitfaden, der unsere Schule in jedem Zweig und jeder Stufe durchwirkt." Luigi Volpicelli.

Mancher Lehrer verteidigt sich, indem er behauptet, er lehre sie gewissermaßen im Unterton mit den anderen Fächern mit. Es wäre zu schön, wenn das wahr wäre. Nun, wenn er diese Kunst kann, warum lehrt er dann nicht alle Fächer so, in einem gut gegliederten Gebäude, in dem alles ineinander übergeht und sich wieder findet?

Sagt lieber, daß es ein Fach ist, das Ihr nicht kennt. Gewerkschaft: Sie wissen nicht einmal, was das ist. Im Haus eines Arbeiters haben Sie nie zu Abend gegessen. Bei einem Arbeitskampf im öffentlichen Verkehrswesen wissen Sie nicht einmal, worum es geht. Sie wissen nur, daß die Verkehrsstauung Ihr Privatleben gestört hat.

Sie haben diese Dinge nie studiert, weil sie Ihnen Angst machen. So wie es Ihnen Angst macht, der Geographie auf den Grund zu gehen. In unserem Buch stand alles; außer dem Hunger, den Monopolgesellschaften, den politischen Systemen, der Rassendiskriminierung.

die Urteile Es gibt ein Fach, das in Eurem Programm nicht einmal vorkommt: die Kunst des Schreibens.

Man braucht nur die Urteile anzusehen, die Ihr unter die Aufsätze schreibt. Ich habe hier eine Sammlung. Es sind Feststellungen, nicht Arbeitshilfen.

»Kindlich. Jungenhaft. Unausgereift. Ungenügend. Banal.« Was nützt es dem Jungen, das zu wissen? Er wird den Großvater zur Schule schicken, der ist reifer.

Oder: »Wenig Gehalt. Bescheiden im Gedankengang. Farblose Ideen. Es fehlt die echte Anteilnahme an dem, was Du schreibst.« Dann war das Aufsatzthema falsch. Ihr durftet dann überhaupt nicht von ihm verlangen, darüber zu schreiben.

Oder: »Suche, die Form zu verbessern. Unkorrekte Form. Holprig. Unklar. Schlecht ausgearbeitet. Verschiedene falsch gewählte Ausdrücke. Suche, einfacher zu sein. Verworrener Satzbau. Im Ausdruck nicht immer glücklich. Du mußt Deine Art, die Gedanken auszudrücken, besser beherrschen.« Ihr habt ihm das nie beigebracht, glaubt nicht einmal, daß man es beibringen kann, akzeptiert keine objektiven Regeln der Kunst, seid auf den Individualismus des 19. Jahrhunderts festgelegt.

Bis man dann auf das Geschöpf stößt, das von den Göttern gesegnet ist: »Spontan. Dir fehlen die Ideen nicht. Arbeit mit eigenen Ideen, die eine gewisse Persönlichkeit verraten.« Wenn Ihr schon dabei seid, schreibt auch noch dazu: »Selig die Mutter, die Dich gebar.«

das Genie Als Sie mir einen Aufsatz mit einer Vier zurückgaben, sagten Sie zu mir: »Als Schriftsteller muß man geboren sein, das kann man nicht lernen.« Dennoch aber beziehen Sie Ihr Gehalt als *Italienischlehrerin*.
Die Theorie vom Genie ist eine bourgeoise Erfindung. Sie stammt aus einer Mischung von Rassismus und Faulheit.
Auch in der Politik ist es — statt mit komplizierten Meinungen der Parteien fertigzuwerden — leichter, einen De Gaulle zu nehmen und zu sagen, er sei ein Genie, Frankreich sei *er*.
So machen Sie es mit dem Italienischen. Pierino hat die Gabe. Ich nicht. Dann brauchen wir uns ja nicht weiter anzustrengen:
Pierino braucht nicht zu überdenken, was er schreibt. Er wird Bücher schreiben wie jene, die im Umlauf sind. Fünfhundert Seiten, die man auf fünfzig vermindern könnte, ohne auch nur einen einzigen Gedanken zu verlieren.
Ich kann es aufgeben und in den Wald gehen.
Sie können in Ihrem Müßiggang am Katheder fortfahren und weiterhin kleine Zeichen ins Register schreiben.

Schule der Kunst Die Kunst des Schreibens lehrt man wie jede andere Kunst.
An dieser Stelle aber haben wir unter uns gestritten. Ein Teil wollte erzählen, wie wir es beim Schreiben anstellen. Ein anderer Teil sagte: »Die Kunst ist etwas Großes, aber sie besteht aus mühevoller Kleinarbeit. Sie werden über uns lachen.«
Die Armen werden nicht lachen. Die Reichen sollen ruhig lachen, und wir lachen über sie, die nicht ein einziges Buch oder eine einzige Zeitung in der Sprache der Armen zu schreiben wissen.
Schließlich haben wir beschlossen, alles zu erzählen: für jene Leser, die uns freundlich gesinnt sein werden.

eine bescheidene Technik   Wir also machen es so:
Vor allem hält jeder von uns einen Notizblock in der Tasche. Jedesmal, wenn ihm eine Idee kommt, schreibt er sie auf. Jede Idee auf einem eigenen Zettel, der nur auf einer Seite beschrieben ist.
Eines Tages legt man alle Zettelchen zusammen auf einen großen Tisch. Man geht sie einzeln durch, um die doppelten wegzuwerfen. Dann werden die verwandten Zettelchen zu großen Haufen vereinigt, das sind die Kapitel. Jedes Kapitel wird in Häufchen unterteilt, das sind die Abschnitte.
Nun versucht man, jedem Abschnitt einen Namen zu geben. Wenn das nicht gelingt, bedeutet es, daß er nichts enthält oder daß er zuviel enthält. Mancher Abschnitt verschwindet, mancher verwandelt sich in zwei.
Mit den Namen der Abschnitte wird die logische Anordnung besprochen, bis eine allgemeine Einteilung daraus wird. Anhand dieser allgemeinen Einteilung werden die Abschnitte neu geordnet.
Man nimmt das erste Häufchen, breitet am Tisch seine Zettelchen aus und findet so die Reihenfolge heraus. Nun schreibt man den Text nieder, wie er gerade kommt.
Er wird hektographiert, damit alle das gleiche vor sich haben. Dann geht es mit Schere, Klebstoff und Farbstiften dran. Alles wird drunter und drüber geworfen. Neue Zettel kommen hinzu. Es wird nochmal hektographiert.
Dann beginnt die Jagd darum, wer Worte entdeckt, die man weglassen kann, überflüssige Eigenschaftswörter, Wiederholungen, falsche Behauptungen, schwierige Wörter, zu lange Sätze, zwei Begriffe in einem einzigen Satz.
Man ruft einen Außenstehenden nach dem andern. Man achtet darauf, ob sie verstanden haben, was wir sagen wollten. Man nimmt ihre Ratschläge an, wenn sie nur der Klarheit dienen. Mahnungen zur Vorsicht werden abgewiesen.
Nach all dieser Mühe, bei der wir Regeln befolgen, die für alle gelten, findet sich immer noch der idiotische Intellektuelle, der von sich gibt: »Dieser Brief hat einen höchst persönlichen Stil.«

Faulheit   Gebt lieber zu, daß Ihr nicht wißt, was die Kunst ist. Die Kunst ist das Gegenteil von Faulheit.

Auch Sie, beschweren Sie sich nicht, daß Sie nicht genügend Unterrichtsstunden haben. Es genügt *eine* schriftliche Arbeit im ganzen Jahr, aber diese mit allen gemeinsam erarbeitet.
Weil wir schon von Faulheit sprechen. Ich schlage Ihnen für Ihre Schüler eine unterhaltsame Übung vor. Verwendet ein Jahr darauf, den Saitta ins Italienische zu übersetzen.*

Strafprozeß

Derzeit arbeitet Ihr 210 Tage[33] im Jahr, von denen Ihr 30 durch Prüfungen und etwa 30 durch Schularbeiten verschwendet. Bleiben 150 Schultage. Die Hälfte der Schulstunde verschwendet Ihr jeweils durch Ausfragen[34], und so bleiben 75 Schultage gegen 135 Prozeßtage.
Auch ohne Euren Arbeitsvertrag anzurühren, könntet Ihr die Schulstunden verdreifachen.

Schularbeit Während der Schularbeiten gingen Sie zwischen den Bankreihen auf und ab, Sie sahen mich in Schwierigkeiten oder Fehler begehen und sagten nichts.
Solche Arbeitsbedingungen habe ich auch zuhause. Kilometerweit im Umkreis niemand, an den ich mich wenden könnte. Kein Buch, außer den Schulbüchern. Kein Telefon.
Nun aber sind wir in der »Schule«. Ich bin eigens gekommen, von weither. Meine Mutter ist nicht da, die versprochen hat, still zu sein und mich dann doch hundertmal unterbricht. Das Kind meiner Schwester ist nicht da, das Hilfe für die Schulaufgaben braucht. Es ist Ruhe, gutes Licht, eine Schulbank ganz für mich.
Und dort, gerade zwei Schritte von mir, stehen Sie. Sie haben das Wissen. Sind bezahlt, mir zu helfen.
Und stattdessen verlieren Sie Zeit damit, mich zu überwachen wie einen Dieb.

Müßiggang und Schrecken Daß das Ausfragen nicht Schule ist, haben Sie mir selbst erklärt: »Wenn ich die erste

* Saitta: Geschichtsbuch [in besonders unverständlichem Italienisch geschrieben. A. d. Ü.]

Stunde habe, dann nimm ruhig den anderen Zug, in der ersten halben Stunde frage ich sowieso nur aus.«
Während des Ausfragens ist die Klasse in Nichtstun oder in Schrecken versunken. Sogar der Junge, der gerade ausgefragt wird, verliert Zeit. Er bemüht sich, sich keine Blößen zu geben. Er vermeidet die Dinge, die er weniger verstanden hat und streicht jene heraus, die er gut kann.
Um Sie zufriedenzustellen genügt es, seine Ware gut zu verkaufen. Nie still zu sein. Die Leeren durch leere Worte aufzufüllen. Die Bemerkungen des Sapegno mit der Frechheit dessen nachzusagen, der die Texte im Original gelesen hat.*

persönliche Meinungen Oder noch besser »persönliche Meinungen« hinzuwerfen. Die persönlichen Meinungen halten Sie in hoher Achtung: »Meiner Ansicht nach hat Petrarca...«.** Der Junge hat vielleicht zwei Gedichte gelesen, vielleicht auch keines.
Man hat mir gesagt, daß in gewissen amerikanischen Schulen bei jedem Wort des Lehrers die Hälfte der Klasse die Hand erhebt und sagt: »Ich bin einverstanden.« Die andere Hälfte sagt: »Ich bin nicht einverstanden.« Das nächste Mal tauschen sie die Rollen und kauen weiter eifrig ihren Kaugummi.
Ein Junge, der persönliche Meinungen über Dinge hat, die größer sind als er, ist ein Schwachkopf. Man darf ihm keine Befriedigung gewähren. In die Schule geht man um zu hören, was der Lehrer sagt.
Nur selten kommt es vor, daß die Klasse und der Lehrer etwas von uns brauchen. Aber nicht Meinungen oder gelesene Dinge. Genaue Angaben über Dinge, die wir mit unseren Augen in den Häusern, den Straßen, den Wäldern gesehen haben.

eine intelligente Frage Sie haben mich nie nach solchen Sachen gefragt. Von selbst sagte ich sie nicht. Von Ihren Herrensöhnchen aber wurden Sie mit Engelsmiene nach Dingen

---

* Sapegno: Handbuch der Literaturgeschichte. Sein Verfasser hat viele Bücher gelesen. Er vergleicht sie untereinander und beurteilt sie. Die Oberschullehrer begnügen sich, wenn man das nachsagt, was er behauptet.
** Petrarca: italienischer Dichter des 14. Jahrhunderts.

gefragt, die sie schon wußten. Und Sie ermutigten sie: »Das ist eine intelligente Frage!«
Unnützes Theater für alle. Schädlich für die Seele jener jungen Kriecher. Grausam für mich, der ich nicht mitzuspielen verstand.

die zweite tote Sprache
»Ma ove dorme il furor d'inclite geste
e sien ministri al vivere civile
l'opulenza e il tremore, inutil pompa
e inaugurate immagini dell'Orco
sorgon cippi e marmorei monumenti.«*
»Übertrage in Prosa.« Mein Blick irrte über jene seltsamen Worte, ohne zu wissen, wo er Halt machen sollte. Sie lächelten mir zu: »Na los, das ist leicht, das habe ich gestern erklärt. Du hast nicht gelernt.«

erfundene Wörter Das war wahr. Ich hatte das nicht gelernt. Ich werde meinen Schülern niemals solche Wörter beibringen. In der Fußnote ist ihre Bedeutung erklärt. Aber das ist gelogen. Solche Wörter sind erfunden worden, weil man die Armen nicht liebte. Man wollte sich mit uns keine Mühe machen.

---

* Es ist ein Abschnitt aus den „Sepolcri" von Foscolo.
Ugo Foscolo: italienischer Dichter aus dem Beginn des 19. Jahrhunderts. Vielleicht sagt dieses Gedicht wichtige Dinge aus. Wenn uns die Lehrerin helfen will, sie nicht zu übersehen, ist es ihre Aufgabe, uns das Lesen zu erleichtern.
[In italienischen Schulen, schon in der Mittelschule, ist es üblich, Dichtungen in Prosa übertragen zu lassen. Dadurch soll wohl der Sprachschatz erweitert und das Denkvermögen geschult werden. Häufig werden aber die Schüler gezwungen, sprachlich völlig unverständliche Abschnitte zu bearbeiten und zu übertragen; die Schwierigkeiten des wörtlichen Verständnisses sind dabei schon so groß, daß es zum inhaltlichen Verständnis gewöhnlich überhaupt nicht kommt. Bei diesen Übertragungen, bezw. wenn die Schüler darüber ausgefragt werden, dürfen weder Fußnoten noch Prosa-Übertragungen oder andere Arbeitshilfen verwendet werden.
Der obige Text von Foscolo ist ein typisches Beispiel dafür. Hier eine freie, aber möglichst sinngemäße deutsche Übersetzung, die das Problem verdeutlichen soll:
„Wo aber schläft der Tatendrang zu hehren Unterfangen
und Bürgerleben sich von Überfluß und Schrecken leiten läßt,
da steh'n marmorne Grabessteine und der Toten Denkmal
nur noch als sinnentleerter Pomp, und schrecklich
erinnern sie an Orkus' Todesschatten."
(A. d. Ü.)]

Sie befahlen mir, die Fußnoten mit dem Heft zu verdecken, um mich zu zwingen, jene Sprache auswendig zu lernen. Und ich mußte also eine weitere Sprache lernen — um mit wem zu reden?
Um Dick, jenseits des Sprachgrabens, eine Hand zu reichen, hatte ich Kunststücke vollbracht. Wenn er mich während der Arbeitsstunden irgendwo sitzen sah, bemühte er sich »doulce vita« auszusprechen. Ich antwortete ihm eine Schweinerei im ärgsten cockney. Ich strengte mich an, genauso schlecht zu sprechen wie er. Das cockney, mit dem man in den Ämtern nicht vorankommt. Jenes, mit dem man arm bleibt.

Erpressung Unterdessen verstrichen die Minuten und mein Mund öffnete sich nicht. Ich war in Zorn und Verzweiflung versunken.
Jene armen Jungen konnten mich nicht begreifen. Ihr habt sie von klein auf an die Sprache eines Monti gewöhnt. Sie haben sich in ihre Langeweile ergeben. Von der Schule erwarten sie nichts anderes.
Sie hielten mit mitleidiger Sympathie zu mir. So wie etwa junge Mitglieder des Vinzenzvereins[35], die den Haß nicht bemerken.
Niemand war mir feindlich gesinnt. Auch Sie nicht: »Ich fresse dich ja nicht.« Sie hatten einen ermutigenden Ton. Sie wollten Ihre ganze Pflicht mir gegenüber tun.
Und dabei zerstörten Sie jedes Ideal in mir, durch die Erpressung eines Zeugnisses, das in Ihren Händen liegt.

die Kunst Hätte ich in jenen unendlichen Minuten des Ausfragens die Zeit gehabt, mich zu beruhigen. Die Zeit, die ich jetzt hier mit meinen Mitschülern habe, um dies alles zu schreiben. Dann hätte ich Sie überzeugt. Ich bin sicher. Schließlich sind auch Sie keine Bestie.
Aber damals kamen mir nur schmutzige und beleidigende Worte in den Mund. Jene Worte, die wir hier beim Schreiben mit Mühe einigermaßen zurückzuhalten vermögen und in Argumente verwandeln.
So haben wir verstanden, was die Kunst ist. Sie bedeutet, jemanden oder etwas zu hassen. Lange darüber nachzuden-

ken. Sich von den Freunden in geduldiger Gruppenarbeit helfen zu lassen.
Langsam, langsam kommt dann heraus, was unter dem Haß an Wahrem steckt. Es entsteht das Kunstwerk: eine Hand, die man dem Feind entgegenstreckt, damit er anders werde.

Die Ansteckung

Nach einem Monat Eurer Schule hatte die Ansteckung auch mich ergriffen.
Während des Ausfragens in der Schule fühlte ich mein Herz stehenbleiben. Ich wünschte den anderen das, was ich für mich nicht wollte.
Während des Unterrichts hörte ich nicht mehr zu. Ich dachte schon an das Ausfragen der nächsten Stunde.
Die schönsten und verschiedensten Fächer alle auf jenen Zweck ausgerichtet. Als ob sie nicht einer größeren Welt angehörten als jenem Quadratmeter zwischen Tafel und Katheder.

ein Wurm Zuhause bemerkte ich es nicht, wenn sich die Mutter unwohl fühlte. Ich fragte nicht nach den Nachbarn. Ich las die Zeitung nicht. In der Nacht fand ich keinen Schlaf. Die Mutter weinte. Der Vater brummte zwischen den Zähnen: »Schlimmer geht dir's, wenn du in den Wald kommst.«
So kam es, daß ich wie ein Wurm lernte.
Bis dahin hatte ich bei jedem Gegenstand nur darauf geachtet, wie ich ihn später meinen Schülern beibringen könnte. Wenn mir etwas wichtig schien, ließ ich das Schulbuch beiseite und suchte es aus anderen Büchern zu vertiefen.
Nach Eurer Kur schien mir auch das Schulbuch zuviel. Ich kam soweit, daß ich die wichtigsten Dinge unterstrich. Später rieten mir meine Mitschüler zu Büchlein, die noch armseliger als das Schulbuch sind. Eigens dazu ausgearbeitet, um Eure Köpflein zufriedenzustellen.

der Zweifel Ich kam sogar soweit, daß ich dachte, *Ihr* hättet recht. Daß Eure Bildung die richtige wäre. Daß wir da oben in unserer Einsamkeit uns hineingesteigert hätten, mit

Vereinfachungen, die Ihr seit Jahrhunderten überwunden habt.
Daß unser Traum nach einer Sprache, die von allen gelesen werden könnte, aus Alltagswörtern, nur ein unzeitgemäßer Arbeiterfimmel wäre. Um ein Haar wäre ich einer von Euch geworden. Wie die Söhne der Armen, die die Universität besuchen und in die andere Rasse überwechseln.

ausgeschlossen Aber ich schaffte es nicht, mich rechtzeitig soweit zu verderben, wie es nötig war, um Ihnen zu gefallen. Im Juni haben Sie mir fünf in Italienisch und vier in Latein gegeben.
Da nahm ich wieder den Weg durch den Wald und kehrte zurück nach Barbiana. Tag für Tag, von morgens früh bis abends spät, wie als Kind.
Aber ich nahm nicht das ganze Leben der Schule wieder auf. Wegen der Dringlichkeit der beiden Nachprüfungen befreite mich der Pfarrer von der Lektüre der Zeitung und von der Aufgabe, den Kleinen Unterricht zu geben. Ich lernte allein in einem Zimmer, um die Ruhe und die Bücher zu haben, die ich zuhause nicht habe. Ich kehrte nur zum Lesen der Post unter die Lebenden zurück.

Die Post

das Almosen Francuccio aus Algerien: ».. . an einigen Stellen ist die Erde ganz rot und es wächst nicht einmal ein Faden Gras. Plötzlich fährt der Zug langsamer. Ich schaue zum Fenster hinaus, um zu sehen, was los ist. Da tauchen drei kleine Mädchen auf, mit bunten Röcken, die ihnen bis zu den Füßen reichen. Sie beginnen neben dem Zug herzulaufen. Sie bitten nicht, aber die Leute werfen ihnen etwas hinunter. Sie sammeln es schnell auf und stecken es sich in die Brust. Als sie auch vom letzten Waggon etwas erhalten haben, beschleunigt der Maschinist wiederum die Fahrt auf 60 Stundenkilometer. Man hat mir gesagt, daß Ben Bella den Brauch des Almosens abschaffen wollte, daß Boumedienne hingegen gewähren läßt. Ich vermag nicht zu verstehen, wer recht hat. Du, Pfarrer, was sagst Du?«

die Sprache der Armen   Noch ein Brief von Francuccio: ». . . ich fand auf der Straße einen Holzreifen, und ohne nachzudenken warf ich ihn in die Luft und fing ihn wieder. Da kommen mir etwa zwanzig Kinder entgegen, die zu lachen beginnen und die Hände ausstrecken, damit ich ihnen den Reifen zuwerfe. Ich werfe ihn ihnen zu und so machen wir 5 Minuten weiter ohne etwas zu sagen. Ganz plötzlich gibt der größte ein Zeichen aufzuhören. Er hatte entdeckt, daß ich eine arabische Zeitung hatte. Da fragt er mich auf arabisch, was ich hier mache und woher ich käme. Auf den Stufen einer kleinen Moschee kamen wir ins Gespräch*. Der Muezzin kam herbei und redete in einem Schwall. Da ich seine Fragen nicht verstand, mußte ich ihm gestehen, daß ich kein Araber sei, aber ich habe ihm gesagt, daß ich arabisch lesen könne. Da hat er mich in die Moschee genommen, um den Koran zu lesen. Er war begeistert.«

die Religion   Sandro aus Frankreich: ». . . er hält den Wagen in einer Nebenstraße an und will, daß ich ihm *für den Autostop zahle*. Ich sage ihm: Machin, je suis catholique**, da hat er es aufgegeben und mich dort sitzen lassen und ich mußte vier Kilometer zu Fuß gehen, um die Hauptstraße wieder zu finden.«

gekochte Sonnenblumen   Franco aus Wales***: ». . . der Priester hat ein eigenes Büchlein, um Fremden die Beichte abzunehmen. Man sagt ihm: ich habe zweimal Nummer 25 und dreimal Nummer 12 begangen. — Er hat mir eine Predigt über Nummer 25 gehalten!
Ich pflege den Garten einer alten Frau. Heute ließ sie mich den ganzen Tag Sonnenblumen putzen. Sie ist Vegetarierin, aber sie wollte für mich extra Fleisch kaufen. Ich sagte ihr nein, denn ich wollte auch das probieren. Da nahm sie zwei Sonnenblumenstengel und kochte sie mir.«

---

* *Moschee:* mohammedanische Kirche.
Muezzin: Wärter der Moschee, der bestellt ist, die Gebete anzustimmen
Koran: das heilige Buch der Mohammedaner.
** *Machin, je suis catholique:* Freund, ich bin Katholik (Aussprache: Maschän, dsche sui katolik).
*** *Wales:* ein Teil Englands.

unpolitisch   Carlo aus Marseille*: ». . . hier ist eine Gruppe italienischer Oberschüler mit einem Priester. Sie bauen Baracken für Algerier, ohne Bezahlung. Französisch zu lernen ist ihnen unwichtig. Von Politik wollen sie nichts wissen. Sie machen viele Worte über das Konzil und wenig Spatenstiche. Eine von ihnen ist ein wenig schwachsinnig. Als ich heute abends in mein Zimmer kam, um Euch zu schreiben, kam sie auch und hat sich aufs Bett geworfen, und sagte, die Florentiner gefielen ihr so gut.«

Lob der Lüge   Edoardo aus London: ». . . die Schuld liegt bei den Eltern, die sie zu sehr verwöhnen. Sie bringen ihnen nicht bei, wie man das Geld ausgibt, sie lassen sich befehlen, sie halten sie für zu erwachsen. Die Eltern gewinnen dafür die Aufrichtigkeit ihrer Kinder, aber was ist eine Lüge, wenn sie imstande ist, den Jungen von vielen Sünden fernzuhalten? Ich weiß nicht, ob ich mich klar ausgedrückt habe. Bestimmt, die englischen Jungen sind sehr aufrichtig. Aber was kostet sie das, wenn sie die Mutter sowieso nicht zurechtweist? Und was haben die Eltern davon? Wenn *ich* lüge, ist es ein Zeichen, daß ich weiß, was schlecht ist, und bevor ich es noch einmal tue, überlege ich es mir zweimal.«

eine Empfehlung   Ein alter englischer Gewerkschaftler schrieb uns über Paolo: ». . . er ist ein Segen Gottes über unsere Werkstatt und eine große Empfehlung für Eure Schule. So tief und glücklich mit dem Leben. Ich fühle, daß Gott das so eingerichtet hat, daß ich und Ihr — so weit weg — ähnlich denken und ähnlich sprechen. Hier wählen viele Arbeiter konservativ und lesen die Zeitung der Herren und ich sage: aus Italien mußte einer kommen, der so denkt wie ich. Ihr laßt Euch von einem Jungen, der römischkatholisch ist, belehren.«**

---

* *Marseille:* Stadt in Frankreich.
** Ein internationales Abkommen verbietet die Arbeit Jugendlicher unter 18 Jahren im Ausland. Aber die Gesetze über die Arbeit werden nicht nur in Italien übertreten. Jungen von Barbiana zwischen 14 und 16 Jahren haben in den folgenden Ländern gearbeitet: England, Frankreich, Deutschland, Österreich, Algerien, Libyen. Die Verfasser dieser Briefe z. B. hatten folgendes Alter: Francuccio 16 Jahre, Sandro 15, Franco 14, Carlo 16, Edoardo 16, Paolo 16.

Annibal Caro   Nachdem wir die Post zu Ende gelesen haben, beschränke ich mich wieder auf die Äneis.
Ich lese eine Episode, wie sie Ihnen gefällt.
Zwei Gauner erstechen die Leute im Schlaf. Verzeichnis der Erstochenen und der gestohlenen Dinge und wer wem einen Gürtel und das Gewicht eines Gürtels geschenkt hatte. Und all das in einer Sprache, die schon tot zur Welt gekommen ist*.
Es war nicht notwendig, die Äneis ins Programm aufzunehmen. Die haben Sie gewollt. Das kann ich Ihnen nicht verzeihen.
Meine Mitschüler hingegen verzeihen mir. Sie wissen, daß der Zweck der ist, Lehrer zu werden. Aber sie sind mir im Augenblick fast genauso fern wie Sie.

Desinfektion

oberflächlich   Im September[36] haben Sie mir vier und vier gegeben. Sie verstehen nicht einmal, Ihren Beruf als Apothekerin auszuüben. Ihre Waage funktioniert nicht. Ich konnte nicht weniger wissen als im Juni.
Sie haben einfach den Schalter gedreht. Einen Jungen ausgelöscht. Dabei haben Sie aber, ohne es zu wollen, mir das Licht wieder angezündet. Ich habe die Augen über Euch und Eure Bildung wieder aufgemacht.
Als erstes habe ich das richtige Schimpfwort gefunden, um Euch zu kennzeichnen: Ihr seid nur oberflächlich. Ihr seid eine Gesellschaft, die sich gegenseitig beweihräuchert und die durchhält, weil Ihr wenige seid.

Rache   Mein Vater und mein Bruder gehen für mich in den Wald. Ich kann die Jahre nicht wiederholen und habe nicht die Absicht, Holz zu tragen und die Welt so zu lassen, wie sie ist. Das würde Euch zu gut gefallen.
So bin ich nach Barbiana zurückgekehrt und bin im nächsten Juni als Privatist[37] angetreten.
Ihr habt mich wieder betrogen, wie man auf den Boden

---

* *tot zur Welt gekommen:* in den Schulen pflegt man die Übersetzung der Äneis zu lesen, die Annibal Caro um 1500 anfertigte.

spuckt. Aber ich gebe nicht nach. Ich werde Lehrer werden und besser Schule halten als Ihr.

die zweite Rache Die zweite Rache ist dieser Brief. Wir haben alle zusammen daran gearbeitet.
Sogar Gianni hat mitgearbeitet. Sein Vater ist im Krankenhaus. Wenn er doch im vorigen Jahr den erwachsenen Blick gehabt hätte, den er jetzt hat. Nun ist es für die Schule schon zu spät, zuhause brauchen sie seine Lohntüte als Lehrling. Aber als er von dem Brief erfuhr, hat er versprochen, manchmal am Sonntag zu kommen und uns zu helfen.
Endlich ist er gekommen. Er hat den Brief gelesen. Er hat uns zu schwierige Wörter und Sätze angegeben. Er hat uns manche saftige Bosheit ins Gedächtnis gerufen. Er hat uns erlaubt, ihn an den Pranger zu stellen. Er ist fast der Hauptverfasser.
Aber seid deswegen nicht gleich beruhigt: Auf dem Gewissen habt Ihr ihn doch. Er kann sich noch immer nicht ausdrücken.

wir erwarten einen Brief Hier sind wir also und warten auf eine Antwort. Es wird wohl in irgendeiner Lehrerbildungsanstalt jemanden geben, der uns schreibt:
»Liebe Jungen!
Nicht alle Oberschullehrer sind so wie jene Frau. Seid nicht auch Ihr Rassisten!
Auch wenn ich nicht mit allem einverstanden bin, was Ihr sagt, weiß ich doch, daß unsere Schule so nicht geht. Nur eine vollkommene Schule kann es sich erlauben, neue Menschen und verschiedene Kulturen zurückzuweisen. Und die vollkommene Schule gibt es nicht. Vollkommen ist weder unsere noch Eure.
Diejenigen von Euch jedenfalls, die Lehrer werden wollen, mögen zu uns kommen, um ihre Prüfungen abzulegen. Ich habe eine Gruppe von Kollegen, die bereit sind, für Euch die Augen zuzudrücken.
In Pädagogik werden wir Euch nur nach Gianni fragen. In Italienisch, wie Ihr es geschafft habt, diesen schönen Brief zu schreiben. In Latein ein paar altertümliche Wörter, wie sie Euer Großvater sagt. In Geographie das Leben der englischen Bauern. In Geschichte die Gründe, warum die Berg-

bewohner in die Ebene herunterziehen. In Naturkunde werdet Ihr über Reisig sprechen und uns den Namen des Baumes nennen, auf dem die Kirschen wachsen.«
Wir warten auf diesen Brief. Wir haben Vertrauen, daß er ankommen wird.
Unsere Anschrift ist: Schule von Barbiana (Scuola di Barbiana), *Vicchio Mugello* (Firenze).

Schule und Pfarrhaus von Barbiana sind heute verlassen: Nach dem Tod Don Milanis hat man nicht gewagt, die Pfarrstelle neu zu besetzen; zudem sind viele Bauernfamilien ins Tal gezogen — im Buch ist davon die Rede. Die Schüler von Barbiana arbeiten zum Teil in den Gewerkschaften, zum Teil kämpfen sie noch immer um ihre Ausbildung für offiziell anerkannte Lehrberufe.
Seit dem Erscheinen des Buches (1967) arbeiten eine große Zahl von ‚doposcuola' (Ergänzungschulen) in Landgemeinden, Arbeitervorstädten und unterprivilegierten Zonen, die den Bericht und die Forderungen der Schule von Barbiana alle als Grundsatzdokument anerkennen. Diese Schulen — in der Toskana, in Mittelitalien, in den Barackensiedlungen vor Rom, in den Vorstädten Turins, Mailands und anderer Großstädte — haben fast immer den Charakter von Gegenschulen; alle Versuche der offiziellen Institutionen der reformistischen Linken, sie zu integrieren, sind bisher gescheitert.
Insofern hat das Buch der Schüler von Barbiana sehr stark gewirkt, auch die italienische Studentenbewegung verdankt ihm sehr viel.

[Anm. d. Verlages]

Besuch des Zoologischen Gartens in Rom

oben:
Don Milani erklärt, wie ein Webapparat funktioniert

unten:
Der ›Geschäftsführende Ausschuß‹ der Republik von Barbiana in der Mailänder Scala

Zwei kongolesische Kinder beim winterlichen Besuch der Schülerschule

Il minuscolo cimitero di Barbiana dove don Milani è sepolto. Si era comprato il posto, il giorno successivo all'arrivo nella parrocchia.

Dritter Teil
Statistische Unterlagen (Tafeln)

Wir bringen hier die statistischen Angaben, die zum Verständnis des Textes nicht unbedingt notwendig sind.
Sie dienen den Freunden, die sich in das Problem vertiefen wollen, und den weniger freundlich Gesinnten, die uns nicht trauen.

Anmerkungen zur Tafel A

In den Rechtecken bezeichnet die erste Ziffer die Eingeschriebenen. Die zweite Ziffer mit »R« die Wiederholungsschüler.
Unter den Rechtecken bezeichnet die erste Ziffer mit »p« die Versetzten. Die zweite Ziffer mit »b« diejenigen, die durchgefallen sind und mit »r« jene, welche nicht mehr erschienen sind.
In dieser Tafel (zum Unterschied von der Tafel C) ist die Zahl der Wiederholungsschüler die amtliche Angabe.
Die Geburten- und Sterbeziffern stammen aus den italienischen statistischen Jahrbüchern von 1949—57. Die schulischen Angaben bis 1963—64 stammen aus den Jahrbüchern für Schulstatistik 1956—65.
Einige Angaben des Schuljahres 1964—65 stammen aus dem italienischen statistischen Handbuch 1966.
Zum Zeitpunkt der Drucklegung unseres Manuskriptes (März 1967) war das italienische Jahrbuch für Schulstatistik 1966 noch nicht erschienen. Wir konnten aber durch das Entgegenkommen von Freunden die Angaben vorweg heranziehen.
Die Jahrbücher für Schulstatistik erscheinen jährlich. Doch wurde der Band 1963 nie veröffentlicht. Im Jahr darauf erschien ein einziger für 1963—64. In diesem Band fehlen einige wichtige Angaben (1. und 2. Mittelschulklasse 1960—61 und 1961—62).

Tafel A

geboren 1948 1 000 000
gestorben 80 000
Überlebend 920 000

I e 54-5	1 180 000	258 000 R
857 000 p	225 000 b	98 000 r
II e 55-6	1 053 000	161 000 R
951 000 p	155 000 b	47 000 r
III e 56-7	1 021 000	143 000 R
817 000 p	109 000 b	95 000 r
IV e 57-8	928 000	73 000 R
846 000 p	40 000 b	42 000 r
V e 58-9	870 000	34 000 R
790 000 p	50 000 b	30 000 r
I m 59-60	577 000	82 000 R
399 000 p	156 000 b	23 000 r
II m 60-1	463 000	65 000 R
394 000 p		
III m 61-2	409 000	33 000 R
359 000 p		

geboren 1949 940 000
gestorben 68 000
Überlebend 872 000

I e 55-6	1 128 000	256 000 R
874 000 p	166 000 b	98 000 r
II e 56-7	1 056 000	151 000 R
835 000 p	135 000 b	66 000 r
III e 57-8	1 003 000	118 000 R
835 000 p	104 000 b	64 000 r
IV e 58-9	988 000	42 000 R
916 000 p	39 000 b	33 000 r
V e 59-60	957 000	48 000 R
768 000 p	56 000 b	30 000 r
I m 60-1	598 000	89 000 R
408 000 p	159 000 b	31 000 r
II m 61-2	486 000	81 000 R
365 000 p	106 000 b	14 000 r
III m 62-3	440 000	36 000 R
390 000 p		56 000 r

geboren 1950 900 000
gestorben 59 000
Überlebend 841 000

I e 56-7	1 050 000	201 000 R
909 000 p	128 000 b	113 000 r
II e 57-8	1 006 000	141 000 R
840 000 p	102 000 b	64 000 r
III e 58-9	984 000	113 000 R
986 000 p	48 000 b	50 000 r
IV e 59-60	923 000	40 000 R
814 000 p	89 000 b	53 000 r
V e 60-1	861 000	37 000 R
726 000 p	96 000 b	
I m 61-2	664 000	99 000 R
433 000 p	183 000 b	48 000 r
II m 62-3	516 000	72 000 R
396 000 p	105 000 b	14 000 r
III m 63-4	430 000	35 000 R
415 000 p		59 000 b

geboren 1951 957 000
gestorben 57 000
Überlebend 904 000

I e 57-8	959 000	144 000 R
810 000 p	76 000 b	72 000 r
II e 58-9	969 000	122 000 R
793 000 p	107 000 b	68 000 r
III e 59-60	975 000	62 000 R
762 000 p	67 000 b	46 000 r
IV e 60-1	852 000	62 000 R
725 000 p	82 000 b	45 000 r
V e 61-2	847 000	93 000 R
695 000 p	89 000 b	63 000 r
I m 62-3	668 000	111 000 R
452 000 p	176 000 b	36 000 r
II m 63-4	531 000	72 000 R
408 000 p	101 000 b	22 000 r
III m 64-5	459 000	36 000 R

I e = 1. Volksschulklasse
II e = 2. " " usw.
I m = 1. Mittelschulklasse usw.

Tafel A

geboren 1952 860 000
gestorben 56 000
überlebend 804 000

I e 58-9	897 000	113 000 R
	75 000 b	60 000 r

II e 59-60	895 000	124 000 R
762 000 p	104 000 b	36 000 r

III e 60-1	841 000	67 000 R
755 000 p	81 000 b	39 000 r

IV e 61-2	839 000	83 000 R
722 000 p	87 000 b	49 000 r

V e 62-3	800 000	87 000 R
703 000 p	90 000 b	30 000 r

I m 63-4	716 000	112 000 R
680 000 p	115 000 b	47 000 r

II m 64-5	590 000	65 000 R
514 000 p		

| III m 65-6 | 472 000 | 28 000 R |

---

geboren 1953 864 000
gestorben 49 000
überlebend 815 000

I e 59-60	874 000	90 000 R
746 000 p	79 000 b	49 000 r

II e 60-1	895 000	118 000 R
740 000 p	101 000 b	54 000 r

III e 61-2	847 000	64 000 R
722 000 p	85 000 b	40 000 r

IV e 62-3	826 000	85 000 R
705 000 p	91 000 b	30 000 r

V e 63-4	783 000	83 000 R
695 000 p	88 000 b	20 000 r

| I m 64-5 | 693 000 | 98 000 R |

---

geboren 1954 860 000
gestorben 46 000
überlebend 814 000

I e 60-1	890 000	99 000 R
758 000 p	91 000 b	41 000 r

II e 61-2	915 000	121 000 R
756 000 p	110 000 b	49 000 r

III e 62-3	862 000	90 000 R
743 000 p	99 000 b	30 000 r

IV e 63-4	844 000	66 000 R
722 000 p	96 000 b	36 000 r

| V e 64-5 | 809 000 | 81 000 R |

---

geboren 1955 959 000
gestorben 43 000
überlebend 826 000

I e 61-2	906 000	115 000 R
762 000 p	101 000 b	43 000 r

II e 62-3	917 000	123 000 R
770 000 p	102 000 b	45 000 r

III e 63-4	879 000	92 000 R
756 000 p	95 000 b	28 000 r

| IV e 64-5 | 859 000 | 88 000 R |

Durch das Entgegenkommen des Generaldirektors des ISTAT haben wir jedoch die Ehre, auch diese bisher unveröffentlichten Daten zu veröffentlichen.

Die amtlichen Angaben über die Schule werden mit großer Verspätung veröffentlicht. So bringt zum Beispiel das Jahrbuch 1965, das im März 1966 erschienen ist, nur die Angaben von 1963—64 über die Eingeschriebenen und Wiederholungsschüler und jene von 1962—63 über die Jahres- und Prüfungsergebnisse. Dasselbe gilt auch für die früheren Jahrgänge.

Es verwundert die hohe Anzahl der Schüler, die während des Jahres nicht mehr zur Schule kommen (d. h. der Unterschied zwischen der Anzahl derer, die sich eingeschrieben haben und derer, die ein Abschluß- oder Prüfungszeugnis erlangten).

Man hat uns folgende Erklärung dieser Erscheinung nahegelegt: einige Schuldirektoren dehnen künstlich die Anzahl der Einschreibungen aus (um zu verhindern, daß einige Abteilungen geschlossen werden oder um eine höhere Anzahl an Lehrkräften zugeteilt zu erhalten).

Die Absicht dieser Beamten mag gut sein, aber durch ihre Schuld wird die amtliche Zahl der Eingeschriebenen wenig zuverlässig.

Für unsere Berechnung der Verlorenen ist der Schaden nur gering. Denn die Anzahl der Verlorenen bleibt bei der Ziffer, die wir angegeben haben. Höchstens muß das Datum des Verlorengehens vorverschoben werden.

Der Unterrichtsminister ist derjenige, der im Parlament den höchsten Haushaltsbetrag aufweist: 1773 Milliarden im Jahre 1965 (mehr als 20 % der staatlichen Ausgaben). Wir haben aber aus diesen Anmerkungen gesehen, in welcher Weise er über die Lage der Schule unterrichtet wird. Wenn ihn ein Abgeordneter danach fragte, wäre er nicht einmal imstande zu sagen, wieviele Schüler seine Schulen besuchen.

Die Zeitungen pflegen im Oktober die Zahlen der Eingeschriebenen zu veröffentlichen und im Juli die Zahlen jener, die versetzt wurden oder durchgefallen sind. Dann machen sie lange Artikel darüber.

Es wäre unterhaltsam zu wissen, ob sie die Zahlen frei erfinden oder ob sie ihnen ein Beamter des Ministeriums frei erfindet.

Anmerkungen zur Tafel B

Diese Tafel dient zum Verständnis dafür, wie wir unsere theoretische Klasse und die Berechnung der Verlorenen erarbeitet haben. Es wäre günstig, wenn man sie zumindest bis zum Jahrgang 1952 ausdehnen könnte, um die Auslese der alten und der neuen Mittelschule zu vergleichen. Da aber allzuviele Angaben über die letzten Schuljahre fehlen, sind wir gezwungen, nur drei Reihen zu veröffentlichen (die Jahrgänge 1948, 1949, 1950).
Jedes Rechteck stellt eine Klasse dar. Die Pfeile zeigen an, woher die Schüler kommen. Die Summe der Schüler, die über diese Pfeile kommt, ergibt die theoretische Zusammensetzung der Klasse. Wenn man davon die Anzahl der Eingeschriebenen abzieht, ergibt sich die Zahl jener, die der Schule verlorengegangen sind.
Diese Verlorenen entsprechen (im Verhältnis zum Rechteck, in das sie eingetragen sind) den Jungen, von denen auf Seite 49 im Abschnitt »Verdienstausfall« die Rede ist. Der Lehrer jener Klasse kennt sie nicht und trägt für ihren Verlust keine Verantwortung. Unter dem Gesichtspunkt der Verantwortung ist er hingegen am Verlust jener schuld, die man im Rechteck unmittelbar rechts von seiner Klasse lesen kann.

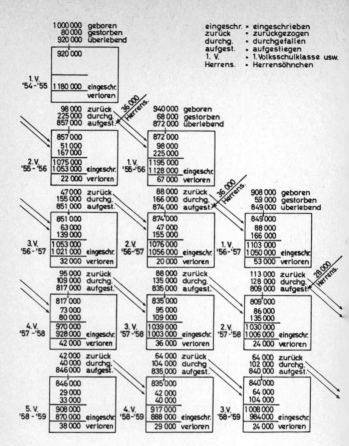

Tafel B

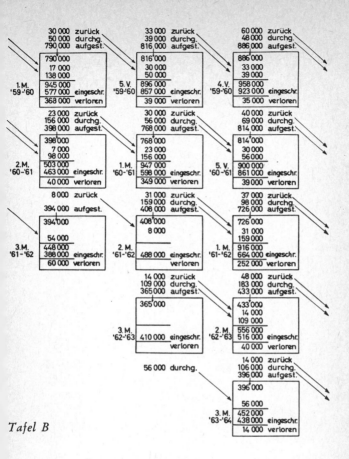

Tafel B

Anmerkungen zur Tafel C

Unser Text von Seite 49 bis Seite 67 stellt die Verkleinerung im Maßstab 1 : 29 900 der Tafel C dar (Jahrgang 1951).
Die unterstrichenen Ziffern sind Schätzungen.
Die Ziffern der Eingeschriebenen und Versetzten sind die Angaben des ISTAT. Die Zahlen über jene, die sich zurückgezogen haben, durchgefallen und für die Klasse verlorengegangen sind, lassen sich leicht aus den Angaben des ISTAT errechnen.
In bezug auf die Wiederholungsschüler hat sich hingegen die Berechnung des ISTAT als untauglich erwiesen. Das Ministerium sieht nämlich auch jene als Wiederholungsschüler an, die sich nach dem 15. März zurückgezogen haben, sagt aber nicht, wieviele von der Gesamtzahl das sind. Deswegen ziehen wir unsere Angabe vor, die sich auf die (sehr wahrscheinliche) Berechnung stützt, daß alle Versetzten die Schule fortsetzen. Also kann man die Wiederholungsschüler dadurch errechnen, daß man die Versetzten von der Gesamtzahl derer abzieht, die im nächsten Jahr eingeschrieben sind.
Wenn unsere Annahme nicht ganz richtig wäre, wäre die Anzahl der Jungen, die der Schule verlorengehen, noch höher als wir sie angeben.
Diese Berechnung gilt aber nicht für die fünfte Volksschulklasse. In dieser Klasse ist die Anzahl der Verlorenen für die Schule höher als die Anzahl der Durchgefallenen. Denn es gibt viele, die die fünfte Klasse mit Erfolg abschließen, aber dann die Schule (Mittelschule) nicht weiter besuchen.
In dieser Tafel sind die Verlorenen diejenigen, die direkt durch Schuld des Lehrers verlorengangen sind. Einem guten Lehrer aber müßten auch jene Verlorenen am Herzen liegen, von denen in der Tafel B die Rede ist. Nämlich jene, die zum Wiederholen in seine Klasse kommen sollten, und von denen ihm vielleicht schon der Kollege erzählt hat, der sie durchfallen ließ.
Wenn wir also die Verlorenen der Tafel B zu denen der Tafel C dazugezählt und alle ein und demselben Lehrer ins Gewissen gerufen hätten, hätten wir nichts Unsinniges getan. Denn es handelt sich nicht um dieselben Jungen. Wir haben es nur deshalb nicht getan, um die Entsprechung zwischen dem

Klasse	Datum	Zusammensetzung der Klasse		Schlußergebnis oder Prüfung			verloren	
		ein-geschrieben	davon wiederholen	zurück-gezogen	durch-gefallen	durch-gekommen	für die Klasse	für die Schule
1. Volks-schulklasse	Okt. '56	1 050 000	201 000					
	Juni '57			147 000	128 000	809 000		
2. Volks-schulklasse	Okt. '57	1 006 000	197 000				275 000	121 000
	Juni '58			64 000	102 000	840 000		
3. Volks-schulklasse	Okt. '58	984 000	144 000				166 000	8 000
	Juni '59			60 000	48 000	886 000		
4. Volks-schulklasse	Okt. '59	923 000	37 000				98 000	16 000
	Juni '60			40 000	69 000	814 000		
5. Volks-schulklasse	Okt. '60	861 000	47 000				109 000	19 000
	Juni '61			37 000	98 000	726 000		
1. Mittel-schulklasse	Okt. '61	664 000	119 000				316 000	194 000
	Juni '62			48 000	183 000	433 000		
2. Mittel-schulklasse	Okt. '62	516 000	83 000				231 000	132 000
	Juni '63			14 000	106 000	396 000		
3. Mittel-schulklasse	Okt. '63	438 000	42 000				120 000	41 000
	Juni '64			—	59 000	415 000		
Gesamt	Okt. '56 Juni '64						1 315 000	531 000

Tafel C Verfolgung des Jahrganges 1950

Text und den Tafeln zu erhalten. In den statistischen Tabellen darf nämlich ein Junge nur einmal gezählt werden, auch wenn er von zwei Lehrern verloren wurde.

Klasse	Datum	Zusammensetzung der Klasse		Schlußergebnis oder Prüfung			verloren	
		ein-geschrieben	davon wiederholen	zurück-gezogen	durch-gefallen	durch-gekommen	für die Klasse	für die Schule
1. Volks-schulklasse	Okt. '57	958 000	154 000					
	Juni '58			105 000	76 000	810 000		
2. Volks-schulklasse	Okt. '58	968 000	158 000				181 000	88 000
	Juni '59			68 000	107 000	793 000		
3. Volks-schulklasse	Okt. '59	875 000	82 000				175 000	42 000
	Juni '60			46 000	67 000	762 000		
4. Volks-schulklasse	Okt. '60	852 000	90 000				113 000	27 000
	Juni '61			45 000	82 000	725 000		
5. Volks-schulklasse	Okt. '61	847 000	122 000				127 000	10 000
	Juni '62			63 000	89 000	695 000		
1. Mittel-schulklasse	Okt. '62	668 000	99 000				278 000	181 000
	Juni '63			38 000	178 000	452 000		
2. Mittel-schulklasse	Okt. '63	531 000	79 000				216 000	70 000
	Juni '64			22 000	101 000	408 000		
3. Mittel-schulklasse	Okt. '64	459 000	51 000				123 000	47 000
	Juni '65				42 000	436 000		
Gesamt	Okt. '57 Juni '65						1 213 000	465 000

Tafel C Verfolgung des Jahrganges 1951

Klasse	Datum	Zusammensetzung der Klasse		Schlußergebnis oder Prüfung			verloren	
		ein-geschrieben	davon wiederholen	zurück-gezogen	durch-gefallen	durch-gekommen	für die Klasse	für die Schule
1. Volks-schulklasse	Okt. '58	897 000	93 000					
	Juni '59			91 000	75 000	762 000		
2. Volks-schulklasse	Okt. '59	895 000	133 000				166 000	107 000
	Juni '60			36 000	104 000	755 000		
3. Volks-schulklasse	Okt. '60	841 000	86 000				140 000	
	Juni '61			38 000	81 000	722 000		
4. Volks-schulklasse	Okt. '61	839 000	117 000				119 000	12 000
	Juni '62			49 000	87 000	703 000		
5. Volks-schulklasse	Okt. '62	800 000	97 000				136 000	32 000
	Juni '63			30 000	90 000	680 000		
1. Mittel-schulklasse	Okt. '63	716 000	146 000				230 000	142 000
	Juni '64			47 000	155 000	514 000		
2. Mittel-schulklasse	Okt. '64	590 000	76 000				202 000	90 000
	Juni '65			13 000	111 000	466 000		
3. Mittel-schulklasse	Okt. '65	472 000	18 000				124 000	61 000
	Juni '66				41 000	443 000		
Gesamt	Okt. '58 Juni '66						1 117 000	444 000

Tafel C Verfolgung des Jahrganges 1952

Anmerkungen zur Tafel D

Auf dieser Tafel wird Abbildung 8 von Seite 66 wiedergegeben. Hier aber kann man die einzelnen Schüler feststellen. Jeder ist nämlich mit einer Ziffer bezeichnet. Nummer 6 unterstrichen bezeichnet z. B. einen Jungen in der Lage des Pierino (siehe Seite 50).

Die geraden Ziffern von 1 bis 31 zeigen die Schüler an, die die Lehrerin in der ersten Volksschulklasse in Empfang genommen hat (ohne zu berücksichtigen, ob sie wiederholen oder nicht).

Die unterstrichenen Ziffern zeigen jene an, die später dazustoßen (Wiederholungsschüler und Pierino).

Die Anzahl der Schüler in jeder der drei Kolonnen entspricht den Angaben der Tafel C von 1951, im Maßstab 1 : 29 900.

Tafel D

		wiederholen	arbeiten
		1. V.	
1. Volksschulklasse	1 2 3 4 5 6 7 8 9 10 11 12 13 14 15 16 17 18 19 20 21 22 23 24 25 26 27 28 29 30 31 32	27 28 29 30	31 32
2. Volksschulklasse	1 2 3 <u>4 5</u>|1 2 3 4 5 6 7 8 9 10 11 12 13 14 15 16 17 18 19 20 21 22 23 24 25 26|<u>6</u>		
		2. V.	
3. Volksschulklasse	2 3 4 5 7 8 <u>9</u> 10 11 <u>12</u>|1 2 3 4 5 6 7 8 9 10 11 12 13 14 15 16 17 18 19 20 21|<u>6</u>	22 23 24 25 26 27 28 29 30	<u>1</u>|31 32
		3. V.	
4. Volksschulklasse	4 5 7 8 9 10 11 <u>12</u>|1 2 3 4 5 6 7 8 9 10 11 12 13 14 15 16 17 18 19|<u>6</u>	<u>2</u>|20 21 22 23 24 25 26 27 28 29 30	<u>1 3</u>|31 32
		4. V.	
5. Volksschulklasse	9 10 11 12 13 14 <u>15 16</u>|1 2 3 4 5 6 7 8 9 10 11 12 13 14 15 16 17 18 19|<u>6</u>	2 4 5 <u>8</u>|20 21 22 23 24 25 26 27 28 29 30	<u>1 3 7</u>|31 32
		5. V.	
1. Mittelschulklasse	14 15 16 17 18 <u>19</u>|1 2 3 4 5 6 7 8 9 10 11 12 13 14 15|<u>6</u>	2 4 5 8 <u>9</u>|18 19 20 21 22 23 24 25 26 27 28 29 30	1 3 7 10 11 12 <u>13</u>|16 17 31 32
		1. M.	
2. Mittelschulklasse	18 19 20 21 <u>22</u>|1 2 3 4 5 6 7 8 9 10 11 12|<u>6</u>	2 4 5 8 9 <u>14</u>|13 14 15 18 19 20 21 22 23 24 25 26 27 28 29 30	1 3 7 10 11 12 13 15 16 <u>17</u>|16 17 31 32
		2. M.	
3. Mittelschulklasse	21 22 23 <u>24</u>|1 2 3 4 5 6 7 8 9 10 11|<u>6</u>	2 4 5 8 9 14 <u>19</u>|12 13 14 15 18 19 20 21 22 23 24 25 26 27 28 29 30	1 3 7 10 11 12 13 15 16 17 18 <u>20</u>|16 17 31 32

Alter	Volksschule					Mittelschule			Oberschule					Gesamt
	1	2	3	4	5	1	2	3	1	2	3	4	5	
	absolute Werte														
5	14 191	—	—	—	—	—	—	—	—	—	—	—	—	14 191
6	713 404	45 718	—	—	—	—	—	—	—	—	—	—	—	759 122
7	106 699	613 889	47 282	—	—	—	—	—	—	—	—	—	—	767 870
8	29 909	161 345	538 985	43 209	—	—	—	—	—	—	—	—	—	773 448
9	12 231	65 547	171 881	517 438	43 030	—	—	—	—	—	—	—	—	810 127
10	4 886	26 569	75 355	199 689	454 737	42 791	—	—	—	—	—	—	—	804 027
11	2 532	12 833	35 528	102 577	209 748	325 123	35 850	—	—	—	—	—	—	724 191
12	1 144	5 052	14 675	43 069	97 775	182 580	205 408	30 237	382	—	—	—	—	580 322
13	525	1 871	5 534	15 157	40 162	82 715	130 350	153 945	23 453	382	—	—	—	454 094
14	143	397	1 039	2 432	6 497	18 083	44 784	74 265	69 923	15 499	248	—	—	233 310
15	—	—	—	—	—	4 932	15 266	38 476	49 398	54 307	12 918	242	—	175 539
16	—	—	—	—	—	1 849	4 722	15 444	29 348	43 719	44 261	13 062	162	152 567
17	—	—	—	—	—	986	1 474	5 267	13 398	26 951	31 993	35 730	10 572	126 371
18	—	—	—	—	—	552	562	1 747	5 602	12 978	19 602	27 124	25 666	94 033
19	—	—	—	—	—	547	281	841	2 779	6 500	11 305	19 376	21 556	63 188
20	—	—	—	—	—	380	163	578	1 157	2 511	4 974	10 237	14 137	34 137
21 e+	—	—	—	—	—	469	148	476	1 560	2 490	3 987	9 262	15 337	33 729
	%Anteil an der Gesamtheit der Schüler dieses Schuljahres														
5	1,7	—	—	—	—	—	—	—	—	—	—	—	—	0,2
6	79,5	5,1	—	—	—	—	—	—	—	—	—	—	—	11,5
7	12,5	63,7	5,3	—	—	—	—	—	—	—	—	—	—	11,6
8	3,6	17,9	60,5	4,7	—	—	—	—	—	—	—	—	—	11,7
9	1,5	7,6	19,3	56,0	5,0	—	—	—	—	—	—	—	—	12,3
10	0,6	3,2	8,5	21,6	53,4	6,5	—	—	—	—	—	—	—	12,2
11	0,3	1,6	4,0	11,1	24,6	49,2	8,2	—	—	—	—	—	—	11,0
12	0,2	0,6	1,7	4,7	11,5	27,6	46,8	9,4	0,2	—	—	—	—	8,8
13	0,1	0,3	0,6	1,6	4,7	12,5	29,7	47,9	11,9	0,2	—	—	—	6,9
14	—	—	0,1	0,3	0,8	2,7	10,2	23,1	35,5	9,4	0,2	—	—	3,5
15	—	—	—	—	—	0,7	3,5	12,0	25,1	32,9	10,0	0,2	—	2,7
16	—	—	—	—	—	0,3	1,1	4,8	14,9	26,4	34,2	11,4	0,2	2,3
17	—	—	—	—	—	0,1	0,3	1,6	6,8	16,3	24,7	31,1	12,1	1,9
18	—	—	—	—	—	0,1	0,1	0,5	2,8	7,9	15,3	23,6	29,4	1,4
19	—	—	—	—	—	0,1	0,1	0,3	1,4	3,9	8,7	16,8	24,6	1,0
20	—	—	—	—	—	0,1	—	0,2	0,6	1,5	3,8	8,9	16,2	0,5
21 e+	—	—	—	—	—	0,1	—	0,2	0,8	1,5	3,1	8,0	17,5	0,5

Tafel E

Anmerkungen zur Tafel E

Die Angaben dieser Tafel stammen aus der Tafel 5 A und B des Buches »Distribuzione per età degli alunni delle scuole elementari e medie« (»Altersmäßige Verteilung der Schüler der Volks- und Mittelschulen«) ISTAT 1963.
Das Alter ist jenes am 31. Dezember 1959.
Es ist uns nicht gelungen festzustellen, wer die 14 191 Schüler sind, die am 31. 12. noch nicht 6 Jahre alt waren.
Nach dem Gesetz könnte es sich nur um jene handeln, die am 1. Januar geboren sind (ungefähr 2000).
Die Anzahl der Pierini erhält man, wenn man von den 45 718, die zu jung die zweite Klasse besuchen, die geheimnisvollen 14 191 abzieht.

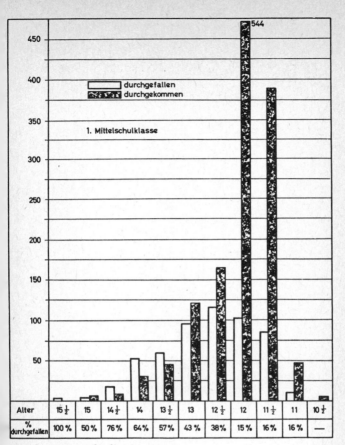

Tafel F Es trifft die Armen

Anmerkungen zur Tafel F

Diese Tafel ist das Ergebnis einer Untersuchung von uns. Ebenso wie die Abbildungen auf den Seiten 53, 62, 64, die Fußnote *** auf Seite 58 und die Urteile über die Aufsätze auf Seite 117.

Wir hätten hier gerne das Verzeichnis der Schulen angeführt, in denen wir unsere Erhebungen durchgeführt haben. Es sind viele, und sie liegen in verschiedenen Provinzen.

Wir haben aber entschieden, alle ohne Namen zu lassen. Es haben sich nämlich einige Schuldirektoren hinter die Schul-

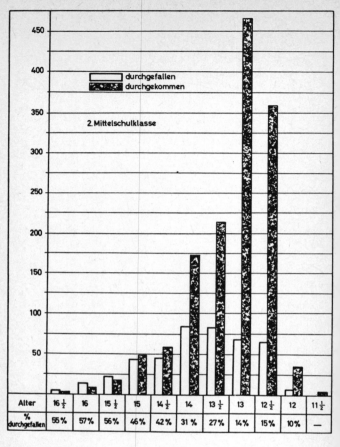

ordnungen verschanzt, als ob wir nach militärischen Geheimnissen gefragt hätten.

Andere haben uns gestattet, in ihre Bücher zu sehen, unter der Bedingung, daß wir den Namen der Schule nicht nennen.

Andere wiederum haben uns auch diese Schwierigkeit nicht gemacht, sondern haben selbst für uns gearbeitet und uns wertvolle Ratschläge gegeben.

Wir konnten nicht in Erfahrung bringen, ob jene Vorschriften über Geheimhaltung bestehen oder nicht. Es scheint uns unmöglich, da es sich ja um Angaben handelt, die öffentlich bekanntgegeben wurden. Im Zweifel aber wollten wir unseren Freunden nicht schaden.

Anmerkungen des Übersetzers

1 *Vicchio:* das Dorf, zu dem Barbiana gehört. Vicchio liegt im Mugello-Tal bei Florenz. *Barbiana:* einige Bauernhäuser. *Borgo:* der Hauptort des Mugello-Tales (Borgo S. Lorenzo).
2 *Pfarrer:* Don Lorenzo Milani war der Pfarrer und Lehrer von Barbiana. Er war kurz nach dem Krieg zum Priester geweiht worden und sah schon in seiner ersten Kaplanstelle in San Donato (bei Calenzano — Prato) seine Hauptaufgabe darin, den Armen die Sprache zu geben, um ihnen zu helfen, Menschen zu sein. Über seine Erfahrungen von San Donato schrieb er das Buch „Esperienze pastorali" (Firenze 1967). Von der kirchlichen Obrigkeit wurde er wegen seines kompromißlosen Einsatzes für die Armen und Unterdrückten (vor allem die Bauern, die in der Toskana fast nie Besitzer des Landes sind, das sie bearbeiten, sondern nur Pächter zu oft menschenunwürdigen Bedingungen) ungern gesehen und in die winzige und entfernte Bergpfarrei Barbiana versetzt. Dort lebte und lehrte er bis zu seinem Tod (26. 6. 1967).
3 Wegen der großen materiellen und geistigen Not ziehen in Italien immer mehr Bauern vom Land in die Stadt und suchen Arbeit in der Industrie. Die Bergbauern ziehen zumindest in die Ebene, wo die Landarbeit nicht so karg und mühevoll ist.
4 *Prüfungen an der öffentlichen Schule:* es handelt sich um Prüfungen an den staatlichen Schulen, denen sich die Schüler von Barbiana jeweils unterziehen mußten, wenn sie ein staatlich anerkanntes Zeugnis brauchten.
5 *heilige Grenzen:* die Nationalisten und Militärs sprechen in Italien gern und häufig von den „heiligen Grenzen des Vaterlandes".
6 Die Prüfungen an den italienischen Schulen unterscheiden sich fast immer in mündliche und schriftliche. Dabei geht der schriftliche voraus.
7 *Schulrat:* die Gesamtheit der Oberschullehrer an einer Schule.
8 *Wandaufschriften:* zur Zeit des Faschismus gab es zahlreiche Wandaufschriften an Hausmauern, in öffentlichen Lokalen, auf Plakaten usw., die für das Regime warben oder seine Grundsätze verbreiteten. „Hier spricht man nicht über Politik": in Schulen und öffentlichen Ämtern.
9 *Ergänzungsschule* (ital.: doposcuola): außerhalb der eigentlichen Unterrichtsstunden wird manchmal in Ergänzungsschulen die Möglichkeit geboten, den Unterricht zu ergänzen, bestimmte Dinge nachzuholen, die Aufgaben gemeinsam zu machen usw. Solche Ergänzungsschulen werden von den Gemeinden und — besonders nach dem Erscheinen dieses Buches — sehr oft von Pfarreien, Parteien, Gewerkschaften, Studentengruppen usw. organisiert.
10 *Geschichten Homers:* Laut Programm ist vorgesehen, in den drei Mittelschulklassen italienische Übersetzungen oder Kurzfassungen dreier antiker epischer Dichtungen (Ilias, Odyssee, Äneis) zu lesen. — Monti ist der Verfasser der berühmtesten italienischen Übersetzung, in einer schwulstigen Sprache, die schon damals nicht gesprochen wurde.
11 *Latein:* für die reformierte Mittelschule bereits abgeschafft, aber dennoch Prüfungsstoff für die Klassen, die vor der Reform die Mittelschule begonnen hatten.

12 *einheitlich:* vorher hatten die letzten drei Jahre der Schulpflicht, nach Abschluß der Grundschule, sehr verschieden ausgesehen: Wer aus reichem Haus kam und auf das Abitur zusteuerte, besuchte die Mittelschule (mit Latein); wer das nicht konnte oder wollte, konnte in manchen Fällen sogenannte „Vorbildungsschulen" besuchen, die dann den Weg in den Beruf erleichterten; in den meisten Fällen aber (d. h. überall am Lande) gab es außer der Grundschule überhaupt keine weitere Schule. – Somit trennten sich die Wege der Schüler schon am Ende der Grundschule endgültig. Die reformierte Mittelschule (erstes Schuljahr: 1963/64) führte vor allem dazu, daß eine ganze Reihe neuer Schulen eingerichtet wurden, da nun die Schulpflicht allgemein auf die drei Mittelschulklassen ausgedehnt wurde. Inhaltlich brachte die Reform vor allem die Abschaffung des Lateins als Pflichtfach, die Ausweitung der naturwissenschaftlichen und praktischen Fächer (Werk-, Kunst- und Musikerziehung, Naturkunde), die Fremdsprache und eine größere Ausrichtung auf das praktische Leben. Vor der Reform war die Mittelschule vor allem Zugang und Vorbereitung auf die Oberschule, jetzt ist sie das Bildungsminimum für alle.

13 *Schulkittel mit Schleife:* die italienischen Grundschulkinder tragen schwarze Schulkittel mit einer Schleife, deren Farbe für jede Klasse verschieden ist.

14 *Pfarrheim:* in den meisten italienischen Pfarreien gibt es Gemeinschaftsräume, in denen Erfrischungen geboten, Filme vorgeführt, Tischtennis oder ähnliche Spiele zur Verfügung gestellt werden. Zwar finden dort auch Versammlungen und Vorträge statt, in vielen Fällen steht aber die Unterhaltung im Vordergrund und sie dient vorwiegend dazu, eine gewisse „Bindung an die Kirche" zu halten.
„Casa del popolo" (wörtl. „Volksheim"): die Kommunisten haben ähnliche Gemeinschaftseinrichtungen geschaffen; auch sie dienen häufig in erster Linie der Zerstreuung.

15 *3. November:* der 1. und 2. November sind als religiöse Feiertage (Allerheiligen und Allerseelen) sowieso schulfrei; der 4. November ist Staatsfeiertag (Tag des italienischen Sieges im ersten Weltkrieg und Fest der Streitkräfte). Deshalb wird meistens auch der dazwischenliegende 3. November freigegeben, was aber in jedem Jahr verfügt werden muß.

16 Religiöser Orden (ebenso wie Piaristen und Barnabiten), der sich vorwiegend der Erziehung widmet.

17 *respinti:* Zurückgewiesene. *respingere:* einen Angriff zurückschlagen.

18 Die Bauern sind in den meisten Fällen nicht selbst Besitzer des Landes, das sie bearbeiten; die Hofverwaltung handelt im Auftrag des Eigentümers.

19 Mit den Ausdrücken „die Herrschenden" und „die Herren", usw. werden die italienischen Begriffe „il padrone" (i padroni) und „i signori" wiedergegeben. In Italien ist der Klassenunterschied zwischen Oberschicht (padrone: vor allem in der Industrie und allgemein als Ausdruck für die Herrschenden; signori: überkommene Bezeichnung für „die Herren") und Abhängigen besonders stark ausgeprägt und auch im täglichen Leben sehr spürbar.

20 Italienische Wochenzeitung. Linksstehend, oberflächlich, vor allem von fortschrittlichen Intellektuellen gelesen. Die Zeitschrift für das aufgeklärte Bürgertum.

21 *Gemeindeverwaltungen:* in manchen Orten ist die Gemeindeverwaltung Trägerin von Ergänzungsschulen. Dabei kommt es natürlich auf die

politische Zusammensetzung des Gemeinderats und des Gemeindeausschusses an (deshalb der Hinweis auf die Monarchisten, die in Italien immer noch die Reste einer Rechtspartei darstellen).
Gemeindeaufsichtsbehörde: die Ausgaben, die vom Gemeinderat beschlossen werden, müssen noch von der Provinzbehörde genehmigt werden, der ein Präfekt vorsteht. Ausgaben, „die nicht in die Befugnisse der Gemeinde fallen" (besonders, wenn sie von linksstehenden Gemeindeverwaltungen beschlossen wurden), werden häufig nicht genehmigt.

22 In Italien gibt es mehrere Gewerkschaften, die politisch-weltanschaulich verschieden orientiert sind. Die beiden wichtigsten sind die CGIL (größte Gewerkschaft, kommunistisch-sozialistisch) und die CISL (den Christdemokraten nahestehend, aber weiter links als die Partei).

23 *Don Borghi:* ein Priester in der Toskana (später als Arbeiter tätig), der mit Don Milani und der Schule von Barbiana sehr befreundet war und ähnlich engagiert ist.

24 *1. Oktober:* Tag des Schulbeginns. Häufig sind aber noch nicht allen Lehrern die entsprechenden Lehrstellen zugeteilt, die Klassenzimmer noch nicht bereitgestellt usw. Deshalb verschiebt sich der tatsächliche Schulbeginn manchmal um einige Tage.

25 Seit einigen Jahren ist der 4. Oktober, Fest des heiligen Franziskus (zum Schutzpatron Italiens erklärt), schulfrei. Ein weiterer Vorwand, um den tatsächlichen Schulbeginn zu verzögern.

26 Die Staatsangestellten erhalten ein 13. Monatsgehalt.

27 Die großen italienischen „Informationsblätter", die sich selbst unabhängig nennen, sind Sprachrohr der bürgerlichen Kreise. Die „Zeitung der Herren" in Florenz, zum Beispiel (die ‚unabhängige' „La Nazione"), von der hier die Rede ist, vertritt die Interessen der großbürgerlich-konservativen Kreise und hängt von finanzstarken Gruppen ab.

28 Durch die plötzliche Mittelschulreform mit ihrer bedeutenden Ausdehnung der Schulpflicht und großen Vermehrung der Mittelschulen herrschte besonders in den ersten Jahren großer Lehrermangel. Da aber ein akademisches Studium Voraussetzung ist, um an Mittelschulen zu unterrichten, wurden diese Stellen Grundschullehrern nicht zugänglich gemacht (unterdessen ist es gesetzlich ermöglicht worden, Grundschullehrer mit längerer Erfahrung unter bestimmten Voraussetzungen an Mittelschulen zu versetzen). Dafür wurden als Hilfslehrer Akademiker praktisch beliebiger Fakultäten und sogar Universitätsstudenten angestellt.

29 Gemeint ist die große Überschwemmung vom 4. November 1966. Damals flüchteten viele Leute aus den überschwemmten Erdgeschossen in die oberen Stockwerke. Allgemein war die Hilfsbereitschaft unter den Menschen während der ersten Zeit nach der Überschwemmung sehr groß.

30 In Italien wird im humanistischen Gymnasium, im Realgymnasium und in der Lehrerbildungsanstalt das Fach „Philosophie" gelehrt. Der Unterricht behandelt aber vor allem die Geschichte der Philosophie, und das Programm sieht vor, vom Altertum bis zur Neuzeit alle einigermaßen bedeutsamen Philosophen zu behandeln.

31 In der Mittelschule werden kurzgefaßte und meist vereinfachte und ausgewählte Übersetzungen der Ilias, Äneis und Odyssee gelesen. In den drei letzten Jahren sämtlicher Oberschulen liest man aus Dantes „Divina commedia".

32 Erst seit etwa zehn Jahren wurde das Fach „Staatsbürgerkunde" eingeführt, ist aber mehr oder weniger ein dem Belieben des Lehrers ausgeliefertes kümmerliches Anhängsel des Geschichtsunterrichtes. Es gibt

kaum Lehrer, die überhaupt für den Unterricht dieses Faches irgendeine besondere Vorbildung aufweisen. Zudem werden in diesem Fach keine eigenen Zensuren erteilt (man bewertet das Fach „Geschichte und Staatsbürgerkunde"), so daß insgesamt der staatsbürgerliche Unterricht in den allermeisten Fällen grob vernachlässigt wird.

33 *210 Tage im Jahr:* das italienische Schuljahr dauert vom 1. Oktober bis zum 15. Juni (Mittel- und Oberschule) oder bis Ende Juni (Grundschule). Es gibt im Schuljahr Weihnachts- (10 Tage) und Osterferien (5 Tage), und dazu mehrere staatliche und kirchliche Feiertage, die unterrichtsfrei sind.

34 *ausfragen:* in der Schule wird gewöhnlich zu Beginn der Stunde (manchmal kurz, manchmal auch die ganze Stunde) der Stoff der früheren Stunden dadurch wiederholt, daß einzelne Schüler aufgerufen und darüber ausgefragt werden. Die Ergebnisse solcher mündlicher Leistungen dienen neben den schriftlichen Schularbeiten der Bewertung im Zeugnis.

35 *Vinzenzverein:* katholischer Verein zur karitativen Betreuung der Armen.

36 Bei der Nachprüfung.

37 *Privatist:* wer zur Prüfung antritt, ohne die staatliche Schule im selben Jahr besucht zu haben.

Lisa Brink, Leonore Thies
Schule und Leidenschaft
Die Wirkung der Scuola di Barbiana

Seit ihrem ersten Erscheinen in deutscher Übersetzung (1970) wird *Die Schülerschule* immer wieder neu aufgelegt. An Aktualität und Faszination hat das Buch nichts verloren. Denn dieses Plädoyer gegen die staatlichen Pflichtschulen Italiens trifft unseren heutigen Schulalltag in der Bundesrepublik mit seinen überwiegend abstrakten, an der Lebensrealität der Schüler vorbeigehenden Stoffplänen und seiner Zenurenkonkurrenz an der empfindlichsten Stelle: In unseren Schulen herrscht eine Atmosphäre der Angst; die Schüler sind überfordert; sie zeigen kein Interesse, keine Lernbereitschaft. Anders in Barbiana.

Selbst als Don Lorenzo Milani, Priester und Lehrer von Barbiana, im Juni 1967 an Leukämie starb, bedeutete das keineswegs, daß sich die Schulgemeinschaft auflöste. Auf sich allein gestellt, organisierten die ältesten Schüler auch ohne ihren Lehrer noch ein weiteres Jahr lang den Unterricht für die jüngeren, bis alle schließlich den offiziell anerkannten Mittelschulabschluß erreicht hatten, indem sie die Externenprüfung an einer staatlichen Schule ablegten. Gleichzeitig begannen die Jugendlichen mit der Sammlung von Briefen aus der umfangreichen Korrespondenz Don Milanis. Ausgiebig diskutierten sie das Vorhaben, die Briefe ihres Lehrers zu publizieren. Im Vordergrund stand dabei die Frage, ob Milani – er keinen noch so kurzen Text veröffentlichte, ohne sich wochenlang damit befaßt zu haben – damit einverstanden wäre. »Er wollte niemals Worte drucken lassen, die in irgendeiner Weise Mißverständnisse verursachen könnten. Und da man im allgemeinen einen Brief in wenigen Minuten schreibt und man ihn auch oft nicht noch einmal durchliest, ist es nicht ausgeschlossen, daß manche Leser bestimmten Worten eine Bedeutung geben, die dem ursprünglichen Gedanken nicht entspricht.«[1] Doch trotz dieser Unsicherheiten und Bedenken erschienen allen Schülern die Briefe zu lehr-

reich und zu bedeutsam für das Verständnis Milanis, um sie
der Öffentlichkeit vorzuenthalten.
Als die ehemaligen Schüler von Barbiana aus den über 1000
gesammelten Briefen 127 auswählten und veröffentlichten[2],
existierte ihre Schule bereits nicht mehr. In einer Versammlung hatten sie im Jahre 1968 entschieden, die Scuola di Barbiana zu schließen.
Einige von ihnen, berichtete uns Michele Gesualdi (ehemaliger Schüler und zugleich Pflegesohn Milanis), gründeten in
Sesto Fiorentino, nahe Florenz, eine eigene Schule und unterrichteten dort junge Arbeiter, »die nur die fünfjährige
Grundschule besucht hatten und abends bei uns gelernt haben, um den Mittelschulabschluß zu bekommen«. Die ehemaligen Schüler von Barbiana unterstützten ungefähr 200
Arbeiter erfolgreich in ihrem Bemühen, den Mittelschulab
schluß[3] zu erreichen – erste Auswirkungen der in der Scuola
die Barbiana entwickelten Haltung, »das Wissen dient nu
dazu, es weiterzugeben« (Seite 114), und des angestrebter
Ideals, »sich dem Anderen zu widmen« (Seite 99) –, ehe die
Schule von der Gewerkschaft übernommen wurde.
Die weiteren – auf breiter Ebene sich entwickelnden – Verän
derungen im Bereich Schule und Bildung fanden zunächst al
le auf privatem Sektor statt: Seit 1968 entstanden zahlreich
Initiativen mit dem Ziel, Angehörigen unterprivilegierte
Bevölkerungsschichten zum Schulabschluß zu verhelfen. Z
der bekanntesten und am weitesten verbreiteten Initiativ
entwickelte sich die doposcuola-Bewegung, in der sic
Kommunisten und Sozialisten, Priester und Studenten enga
gierten. Sie bot in sozial unterversorgten Gegenden wie A
beitervorstädten und Landgemeinden unentgeltlichen Nach
mittagsunterricht für Kinder an, die den Anforderungen de
staatlichen Schulsystems nicht gewachsen waren. Doch nac
der anfänglichen Beschränkung auf Hausaufgabenbetreuun
und Nachhilfeunterricht veränderten die meisten doposcuo
la-Initiativen das Verständnis ihrer Arbeit und entwickelte
den Anspruch, zur gesellschaftlichen Veränderung beizutra
gen. Sie richteten die Lerninhalte nach den materiellen un
politischen Interessen der Arbeiter aus, wobei sie sich gro
ßenteils an den Ideen von Barbiana orientierten: Sich pol
tisch zu engagieren, eigene Bedürfnisse, Probleme und Fo

derungen auszudrücken – dies alles stand im Vordergrund. So gehörten kritisches Zeitunglesen und das Entwerfen von Texten über die eigenen sozialen Probleme – wie Arbeitslosigkeit und miserable Wohnsituation – zum Unterricht. So schrieben z. B. die Schüler der »scuola 725«, die der Priester Don Sardelli in einer römischen Barackensiedlung eingerichtet hatte, in ihrem 1971 erschienenen Buch *Non tacere*[4]: »Man muß kämpfen, um aus dieser Hölle herauszukommen: alle zusammen herauskommen und für immer vereint sein mit denen, die leiden, das ist Politikmachen.«[5] Auch die Schüler der doposcuola di Cassego in der Nähe von La Spezia und ihr Priester Lagomarsini fühlten sich in ihrem politischen Engagement der Haltung Don Milanis eng verbunden. Auf jede Ausgabe ihrer Zeitung druckten sie Don Milanis Definition von Politik: »Wer sich nicht auf Politik versteht, ist Analphabet. Wer nicht Politik macht, ist ein Egoist. Politik bedeutet, daß man erkennt, daß die Probleme der anderen die gleichen wie die eigenen sind und daß man sich darum bemühen muß, sie gemeinsam zu lösen.«[6]

Seit den 70er Jahren hat sich das gesamte staatliche Schulsystem Italiens tiefgreifend verändert. Die doposcuola-Initiativen wurden zum Teil von Kommunen übernommen – vorwiegend von linksregierten – und in vielen Orten zu Ganztagsschulen weiterentwickelt.

Den Einfluß ihrer scuola auf die gesamte Veränderung des italienischen Schulsystems halten die ehemaligen Schüler von Barbiana für erwiesen – wenngleich zuerst nur »einzelne Leute aus fortschrittlichen Kreisen der Lehrerschaft das Modell von Barbiana enthusiastisch aufnahmen« (Carlo, ehemaliger Barbiana-Schüler). In der Überzahl waren jedoch die Lehrer »die den Geist der Zeit noch nicht erfaßt hatten. Obwohl die meisten Lehrer von unsrem Schulmodell gewußt und das Buch gekannt haben, begannen sie erst nach der 68er-Bewegung, nachdem die gesamte italienische soziale und politische Situation in Veränderung begriffen war, sich damit auseinanderzusetzen. Unser Buch ist am Anfang einer Bewegung erschienen und bildete eine der fundamentalen Grundlagen, um sich in einer Mentalität wiederzuerkennen, die bis dahin geschlafen hatte.«

Zu den drastischen Reformen in den staatlichen Schulen gehören die Abschaffung der Noten in den acht Grund- und Mittelschulklassen (stattdessen wurden ausführliche schriftliche Schülerbeurteilungen eingeführt), die Abschaffung des Nichtversetzens, die Integration behinderter Kinder in die Regelschulen und die Auflösung aller staatlichen Sonderschulen und -klassen.

Eine Gruppe der Frankfurter Universität hatte im Jahr 1983 Gelegenheit, eine Grundschule[7] in Italien zu besuchen und den Schulalltag dort mitzuerleben. Was die Studenten berichten[8], klingt nach stützender, liebevoller Unterrichtsatmosphäre und nach angstfreiem Lernen: Sich gegenseitig zu fragen und zu helfen ist nicht nur erlaubt, sondern erwünscht. Und daß viele Kinder in der Lage sind, alleine oder in Gruppen konzentriert zu arbeiten, zeigt, daß in dieser Schule seit langem viel Gewicht auf selbständige Arbeit gelegt wird. Bemerkenswert erschien, daß die Kinder sich nicht scheuten, auch an die Lehrer häufig Fragen zu richten. Von der bei uns so verbreiteten Haltung »nur Dumme fragen« ist hier nichts zu merken: unbefangen und mit großer Selbstverständlichkeit werden Fragen gestellt.

Diesem guten Einvernehmen zwischen Schülern und Lehrern entsprechend, benutzt man auch die Pausen nicht, um für kurze Zeit voneinander zu fliehen. Die Lehrer verbringen auch die Zeit zwischen den Unterrichtsstunden gemeinsam mit den Kindern. Auf festgelegte – und durch Klingelzeichen im ¾-Stunden-Takt eingeleitete – Pausen hat man von vorneherein verzichtet. Und ein eigenes Lehrerzimmer braucht man hier auch nicht. In der Mittagspause – die meisten Kinder besuchen die Schule ganztags – essen Schüler und Lehrer gemeinsam in der schuleigenen Kantine. Zu dieser Atmosphäre gehört z. B. auch das eher persönliche Verhältnis zu den Putzfrauen; geputzt wird während des Unterrichts, und man kennt sich gegenseitig. Selbst nach Unterrichtsschluß haben es die Kinder im allgemeinen nicht eilig, Lehrer und Schule hinter sich zu lassen.

Die Eindrücke vom heutigen italienischen Bildungssystem sind vorwiegend positiv; so liegt es nahe, den italienischen Schulalltag zu idealisieren. Doch sollte nicht übersehen werden, daß es auch massive Probleme gibt: Viele Grundschullehrer fühlen sich überfordert, sie leiden unter ihrer mangelnden Kompetenz. Die Grundschullehrerausbildung – die nach nur acht Pflichtschuljahren im Alter von vierzehn bis achtzehn Jahren absolviert wird und deren Richtlinien auf ein Gesetz aus dem Jahre 1929 zurückgehen – gilt als völlig unzulänglich. Hinzu kommt, daß sich durch die gemeinsame Ausbildung behinderter und nichtbehinderter Kinder Probleme ergeben.

Der Impuls für eine andere Pädagogik und eine andere Schule, der in Italien nicht unwesentlich von der Scuola di Barbiana ausging, hat inzwischen längst auf institutioneller Ebene seinen Ausdrusck und seine Fortsetzung gefunden. Seit Jahren wird
- die universitäre Ausbildung von Grundschullehrern (und die Abschaffung der alten Lehrerbildungsanstalten),
- der Zusammenschluß von Kindergarten, Grund- und Mittelschule zum Basis-Schulwesen,
- der Ausbau der Ganztagsschulen (bisher besuchen erst ca. 15 % aller Kinder Vollzeitschulen)
- und die Einführung des Fachlehrersystems schon in der Grundschule

gefordert: und zwar durchaus von etablierten Organisationen, vor allem von den Lehrergewerkschaften und dem PCI, der kommunistischen Partei.

Ohne Zweifel gibt es einen nicht unbedeutenden Einfluß der Scuola di Barbiana auf die Veränderung des italienischen Schulwesens in den letzten 15 Jahren: der reformerische Alltag ist ohne den radikalen Anstoß aus dem Mugello-Tal kaum vorstellbar. Doch sollte man nicht übersehen, daß dabei das Originäre der Scuola di Barbiana stets zwischen die Mühlsteine der großen Organisationen zu geraten drohte. Michele Gesualdi schrieb: »Ein Jahr nach dem Tod von Don Milani trafen wir (die ehemaligen Schüler) uns und beschlossen, die Scuola di Barbiana aufzulösen; denn eine abgelegene Schule im Gebirge hätte nur dann einen Sinn gehabt, wenn es einen so außerordentlichen Lehrer wie Don Milani gegeben hätte.«[9] Mit anderen Worten: die Scuola di Barbiana war zum Modell ungeeignet, das Besondere an ihr war gerade die einmalige Kraft, die einmalige Geduld und die einmalige Leidenschaft von Don Milani. Nicht weil sie reformerisch war (das war sie *auch*), sondern weil sie extremistisch war, konnte von der Scuola di Barbiana eine solche Wirkung ausgehen. Die Schüler von Barbiana waren sich dessen wohl bewußt: weder versuchten sie, die Erfahrung von Barbiana zu konservieren, noch nahmen sie an den wissenschaftlichen und publizistischen Versuchen teil, diese Erfahrung ins Einmaleins der Reformpädagogik zu übersetzen. »Wir sind normale Leute, wie alle anderen. Gut, wir sind engagierter als unsere Mitbürger. Vor allem in den Gewerkschaften haben wir uns engagiert (einige von uns sitzen auch in Leitungsgremien, z. T. sogar nationalen), aber auch in Stadtteilkommittees, in den Schulen, Kirchenräten, Parteien, auch dort z. T. auf hoher Ebene.«[10] Ohne Durchhaltementalität versuchen sie immer wieder, etwas von dem, was das Spezifische der Scuola di Barbiana ausmachte, gegen die Verkrustungen des Alltags – auch des fortschrittlichen Alltags – durchzusetzen: »Wir engagieren uns auch in den Organen der Schule. Und für uns, die wir an dem Experiment von Barbiana beteiligt waren, ist es etwas ungeheuer Wichtiges, immer wieder neu zu erproben, wie die Beziehung Lehrer-Schüler-Eltern funktionieren könnte. Die Lehrer neigen dazu, ein ganz berufsständisches Bewußtsein zu entwickeln, das wird immer schlimmer. Wie also könnte man – nach all der Instrumentalisierung und all den Verzerrungen – den Werten und der Botschaft von Barbiana, die von so kurzer Blüte waren, in der Schule neues Gewicht verleihen? Zumindest zwei Wege gibt es. Erstens: die *Sprache* in den Vordergrund stellen, ihr eine ganz privilegierte Bedeutung geben – denn sie ist das Instrument, mit dem man sich danach alles andere aneignen kann. Und dann: die kulturellen und sozialen Werte der umgebenden Realität *in die Schule* hineinholen – den Alltag, das ganze Ambiente; und das bedeutet auch, daß es um eine andere Beziehung zwischen Lehrern und Eltern geht.«[11]

Und was ein Schüler auf die Frage antwortet, wie es heute möglich sei, das Beispiel von Don Milani nicht zu verraten, sollte jener fortschrittlichen Pädagogik ins Stammbuch geschrieben sein, die vor lauter Strukturen den Menschen vergißt: »Der größte Verrat, den wir an Don Milani begehen könnten, bestünde darin, daß wir – als Erzieher – uns weigern, ganz wir selber zu sein, und uns *damit* zugleich auch weigern, den andern seiner zu versichern, ihn in seiner Identität zu stärken. Das Drama unserer Zeit, das Drama der pädagogischen Beziehung zu den Jüngeren besteht gerade darin, daß wir selber inexistent, daß wir abwesend bleiben. Die Abwesenheit des Lehrenden ist von ungeheurer Bedeutung: denn es geht nicht darum, wie die Schule *zu machen, zu organisieren* sei, sondern darum, wie man selber *sein* muß, um lehren zu können. Wir sind arm, weil wir Sklaven der kulturellen Modelle der Konsumgesellschaft sind, in der derjenige der Beste ist, der am schlauesten ist, und in der Individualität darin besteht, sich so weit als möglich von den andern zu unterscheiden. Solange wir nicht die Fähigkeit zur Identität zurückgewinnen, die Fähigkeit, wirklich wir selber zu sein, solange werden wir fortfahren, Don Lorenzo Milani zu verraten.«[12]

Anmerkungen

1 Michele Gesualdi (Hrsg.), *Lettere di don Milani priore di Barbiana*, Mailand 1979, S. 5. – Einige dieser Briefe sind in deutscher Übersetzung nachzulesen in: Lisa Brink und Nora Thies, *Nachforschungen in Barbiana*, Weinheim und Basel 1984.
2 Michele Gesualdi, a.a.O.
3 Die italienische Mittelschule (scuola media) ist nicht mit unserer Realschule vergleichbar. Der Besuch der scuola media ist seit 1962/63 obligatorisch. Er macht die zweite Phase der insgesamt achtjährigen Pflichtschulzeit aus. Das bedeutet: wer den Mittelschulabschluß nicht schafft, ist ohne jeglichen Schulabschluß.
4 Non tacere = nicht schweigen.
5 Zitiert nach Pacifico Cristofanelli, *Pedagogia sociale di don Milani. Una scuola per gli esclusi*, Bologna 1979, S. 97 f.
6 Ebd.
7 Die italienische Grundschule (scuola elementare) umfaßt die erste bis fünfte Klasse. – Bei der genannten Schule handelt es sich um die Lipparini-Schule in Bologna.
8 Siehe den Bericht der studentischen Exkursionsgruppe: *Italien: Gemeinsame Erziehung behinderter und nichtbehinderter Kinder*, Institut für Sonder- und Heilpädagogik an der Johann-Wolfgang-Goethe-Universität in Frankfurt, unveröffentlichtes Manuskript.
9 Michele Gesualdi, *Il catechismo di don Milani*, in: *Don Lorenzo Milani tra Chiesa, cultura e scuola. Atti del Convegno su »Chiesa, cultura e scuola in don Milani«*, Mailand 1983, S. 192.
10 Guido Carotti in: ›Il Margine. Mensile dell'associazione culturale Oscar A. Romero‹, Nr. 7, September 1983, S. 29.
11 Guido Carotti, ebd.
12 a.a.O., S. 47.

Anhang: Der Prozeß Milani

Don Lorenzo Milani (1933–1967) war viele Jahre, bis zu seinem Tod, der Pfarrer von Barbiana. Wieviele Sätze in der ›Schülerschule‹ von ihm stammen, wieviele Meinungen und Überlegungen, wissen wir nicht. Don Milani jedenfalls lehnte es stets ab, als Mitautor angesehen zu werden, er wollte (die ›Schülerschule‹ erschien wenige Tage vor seinem Tod) nicht »als Verfasser von Büchern« sterben.
Das hatte auch andere Gründe: Fast alle Bücher Milanis wurden vom Hohen Offizium kurz nach dem Erscheinen mißbilligt und ein Nachdruck verhindert. Sein Leben lang stand Don Milani im Dissens zur ›offiziellen‹ Kirche, die ihn in kleine Pfarreien abschob, zuletzt nach Barbiana. Don Milani war Zeit seines Lebens ›unerwünscht‹; der Dissens ergab sich aus der Haltung zum Priesterberuf, die Milani in einem seiner Briefe so beschrieb: »Was notwendig ist: in der Höhe, also in der Gnade Gottes bleiben, und in die Höhe sehen, und sich nicht grausam über denjenigen lustig machen, der niedrig lebt, sondern über denjenigen, der niedrig denkt.«
Milani, so beschrieb es der italienische Autor und Filmemacher Pasolini, »hat im Handgemenge mit den Menschen und unserer Gesellschaft gelebt, ein stets kritischer Geist in der Umgebung, in der er etwas bewirken konnte.« Bewirken – das hieß für Don Milani mit den einfachen Leuten leben, sie besuchen, ihnen Sprache geben.

Das folgende Dokument gibt einen Einblick in dieses ›Handgemenge‹. Es ist ein ›Offener Brief‹ gegen eine Resolution der ›Ehemaligen Feldseelsorger der Region Toskana‹, die am 12. Februar 1965 in der (konservativen) florentiner Tageszeitung ›Nazione‹ erschien – hier der Text dieser Resolution:

»Im Geiste des vor kurzem in Neapel tagenden nationalen Kongresses der Vereinigung sprechen die ehemaligen Feldgeistlichen der Toskana allen Toten des italienischen Vaterlandes ihre respektvolle und brüderliche Huldigung aus, mit dem Wunsch nach einer baldigen Beendigung jeglicher Diskriminierung und versteckter Spaltung gegenüber den Soldaten aller Fronten und aller Uniformen, die ihr Leben dem heiligen Ideal des Vaterlandes geopfert haben.
Sie betrachten die sogenannte ›Kriegsdienstverweigerung‹ als eine Beleidigung des Vaterlandes und seiner Toten, als dem christlichen Gebot der Liebe fremd, als Ausdruck der Feigheit.«
Auf diese Resolution antwortete Don Milani mit seinem ›Offenen Brief‹, den er an alle italienischen Tageszeitungen versandte. Vollständig gedruckt wurde er nur, am 6. März 1965, von der (von Togliatti gegründeten) kommunistischen Wochenzeitung ›Rinascita‹, deren Redakteur Luca Pavolini dann auch gemeinsam mit Don Milani der Prozeß gemacht wurde.

Don Lorenzo Milani, Offener Brief an die Feldseelsorger der Toskana

Seit langem hätte ich gerne einen von Ihnen eingeladen, um meinen Jungen von Ihrem Leben zu erzählen. Von einem Leben, das die Jungen und ich nicht verstehen.
Wir hätten trotzdem gerne versucht zu verstehen und vor allem Sie zu fragen, wie Sie einige der praktischen Probleme des militärischen Lebens angegangen haben. Ich habe nicht die Zeit gehabt, dieses Treffen zwischen Ihnen und meiner Schule zu organisieren.
Ich hätte es gerne privat gemacht, aber nun, da Sie das Schweigen gebrochen haben, kann ich nicht umhin, Ihnen öffentlich diese Fragen zu stellen:

1. Warum haben Sie Bürger beschimpft, die wir und viele andere bewundern?
Soviel ich weiß, hat niemand Sie infrage gestellt. Falls man nicht meint, daß das bloße Beispiel heroischer christlicher Kohärenz vielleicht einige Ihrer inneren Unsicherheiten wiederbelebt.

2. Warum haben Sie mit einer Leichtigkeit ohnegleichen und ohne ihre Tragweite zu erläutern, Worte benutzt, die Sie nicht mehr fassen können?
Wenn Sie mir antworten, vergessen Sie nicht, daß die öffentliche Meinung heute reifer ist als zu anderen Zeiten, und daß sie weder mit Ihrem Schweigen, noch mit einer allgemeinen, jeder Frage ausweichenden Antwort zufrieden sein wird. Große sentimentale Worte oder üble Beschimpfungen der Verweigerer oder meiner Person sind keine Argumente. Wenn Sie Argumente haben, wäre ich glücklich sie zu bestätigen und meine Meinung zu ändern für den Fall, daß mir in der Eile Irrtümer unterlaufen wären.

Ich werde hier nicht die Idee des Vaterlandes als solche diskutieren. Diese Unterscheidungen gefallen mir nicht.
Wenn Sie sich trotzdem das Recht nehmen, die Welt in Italiener und Ausländer zu teilen, so erkläre ich, daß ich in Ihrem Sinne kein Vaterland habe und das Recht beanspruche, die Welt zu teilen in Enteignete und Unterdrückte auf der einen Seite und Privilegierte und Unterdrücker auf der anderen Seite. Die ersteren sind mein Vaterland, die anderen meine Ausländer. Wenn Sie ohne von der Kurie gemahnt zu werden, das Recht haben zu lehren, daß sich

Italiener und Ausländer gesetzmäßig, ja sogar heroisch gegenseitig angreifen können, so beanspruche ich das Recht, daß die Armen die Reichen bekämpfen können und müssen. Zumindest in der Wahl der Mittel bin ich in der besseren Lage: Die Waffen, die Sie gutheißen, sind schreckliche Maschinen zum töten, verstümmeln, zerstören, um Waisen und Witwen zu machen. Die einzigen Waffen, die ich meinerseits gutheiße sind edelmütig und unblutig: Streik- und Wahlrecht.
Wir haben also sehr verschiedene Vorstellungen. Ich kann die Ihren respektieren, wenn Sie sie durch das Evangelium oder durch die Verfassung rechtfertigen. Aber respektieren Sie auch die Ideen der anderen. Besonders, wenn es sich um Menschen handelt, die mit ihrer Person für ihre Ideen bezahlen.
Sie stimmen sicher mit mir darin überein, daß das Wort Vaterland häufig schlecht benutzt worden ist. Es ist oft nur eine Entschuldigung, um sich davor zu bewahren zu denken, die Geschichte zu untersuchen, oder, wenn es notwendig ist, zwischen dem Vaterland und viel höheren Werten zu wählen.
Ich möchte mich in diesem Brief nicht auf das Evangelium beziehen. Es ist zu einfach zu beweisen, daß Jesus gegen Gewalt war, und daß er die legitime Verteidigung auch nicht für sich selbst akzeptierte.
Ich werde mich also auf die Verfassung beziehen.
Artikel 11: »Italien lehnt den Krieg als Mittel des Angriffs auf die Freiheit anderer Völker ab.«
Artikel 52: »Die Verteidigung des Vaterlandes ist die heilige Pflicht des Bürgers.«

Nehmen wir dies zum Maßstab für die Kriege, zu denen das italienische Volk in einem Jahrhundert der Geschichte gerufen wurde.
Wenn wir sehen, daß die Geschichte unserer Armee ganz und gar aus Angriffen auf Vaterländer anderer gemacht ist, so müssen Sie uns darüber aufklären, ob in diesen Fällen die Soldaten gehorchen oder verweigern müssen, je nachdem was ihnen ihr Gewissen sagt. Dann müssen Sie uns erklären, welches diejenigen sind, die am besten das Vaterland oder die Ehre des Vaterlandes verteidigt haben: diejenigen, die verweigerten oder diejenigen, die mit ihrem Gehorsam unser Vaterland in der ganzen zivilisierten Welt verhaßt gemacht haben? Aber genug der hochtrabenden und allgemeinen Reden. Steigen wir zu den praktischen Dingen des Lebens hinab. Sagen Sie uns genau, was Sie die Soldaten gelehrt haben. Gehorsam um jeden Preis? Und wenn der Befehl die Bombardierung von Zivilisten bedeutet, Repressalien für ein unschuldiges Dorf, die Massen-Hinrichtung von Partisanen, die Verwendung atomarer, bakteriologischer, chemischer Waffen, die Folter, die Hinrichtung von Geiseln, Massenprozesse aufgrund bloßer Verdachtsmomente, Dezimierungen (die Wahl irgendeines Soldaten des Vaterlandes durch das Los, dessen Erschießung die anderen Soldaten des Vaterlandes einschüchtern soll), ein offensichtlicher Aggressionskrieg, der Befehl eines rebellischen Offiziers an das souveräne Volk, oder die Unterdrückung von Massenkundgebungen?
Dennoch sind diese Dinge und vieles mehr das tägliche Brot eines jeden Kriegs. Als sie sich unter Ihren Augen zutrugen, haben Sie entweder gelogen oder geschwiegen. Oder wollen Sie uns glauben machen, Sie hätten bei jeder Gelegenheit die Wahrheit gesagt im Angesicht ihrer ›Vorgesetzten‹, Gefängnis oder Tod riskierend? Wenn Sie noch leben und in militärischen Würden sind, so heißt das, daß Sie niemals irgend etwas verweigert haben. Übrigens haben Sie das bereits bewiesen, als Sie in Ihrer Mitteilung zeigten, daß Sie auch nicht die geringste Ahnung haben vom Konzept der Kriegsdienstverweigerung.

Sie können sich nicht auf die Geschichte von gestern berufen, wenn Sie, wie es Ihre Aufgabe ist, die moralischen Führer unserer Soldaten sein wollen. Und eben dafür, abgesehen von allem anderen, hat Sie das Vaterland, das heißt wir, bezahlt oder bezahlt Sie noch. Und wenn wir die Armee mit hohen Kosten unterhalten, so nur deshalb, damit sie mit der Verteidigung des Vaterlands gleichzeitig die hohen Werte verteidigt, die diesen Begriff füllen: Die Souveränität des Volkes, die Freiheit, die Gerechtigkeit. Und so wäre es (auf dem Hintergrund der Erfahrung der Geschichte) notwendiger, daß Sie unsere Soldaten die Verweigerung statt den Gehorsam lehrten.
In diesen hundert Jahren Geschichte haben zu wenige die Verweigerung gekannt. Den Gehorsam dagegen, zu ihrem Unglück und zu dem der Welt, haben sie nur zu gut gekannt.
Durchlaufen wir zusammen die Geschichte. Unterwegs werden Sie uns sagen, auf welcher Seite das Vaterland war, auf welcher Seite es zu schießen galt, wann es zu gehorchen und wann es zu verweigern galt.
1860: Eine Armee von Neapolitanern[1] versuchte, durchdrungen von der Idee des Vaterlandes, eine Handvoll Räuber, die ihr Vaterland angriff, ins Meer zurückzudrängen. Unter diesen Räubern waren verschiedene neapolitanische Offiziere, die von ihrem Vaterland desertiert waren. Es waren genau diese Räuber, die siegten. Jetzt hat jeder von ihnen auf irgendeinem Platz in Italien ein Denkmal als Vaterlandsheld.
In hundert Jahren wiederholt sich die Geschichte: Europa ist an unseren Pforten.
Die Verfassung ist bereit, Europa zu empfangen: »Italien willigt ein in notwendige Beschränkungen seiner Souveränität«. Unsere Söhne werden über Ihren Begriff von Vaterland lachen, so wie wir über das bourbonische Vaterland lachen. Unsere Enkel werden über Europa lachen. Die Uniformen von Soldaten und Feldseelsorgern werden nur noch in Museen zu sehen sein.
Der folgende Krieg im Jahre 1866[2] war wieder ein Angriff. Noch mehr, eine Allianz war eingegangen worden mit dem streitsüchtigsten und kriegerischsten Volk der Welt, um Österreich anzugreifen.
Gewiß waren die Kriege von 1867–1870[3] Angriffe gegen die Römer, die ihr hundertjähriges Vaterland nicht besonders liebten, falls es wahr ist, daß sie es nicht verteidigten. Aber sie liebten ihr neues Vaterland, das sie angriff, auch nicht besonders, falls es wahr ist, daß sie keinen Aufstand machten, um ihm den Sieg zu erleichtern. Gregovorius erläuterte seinerzeit im Tagebuch: »Der für heute angekündigte Aufstand wurde verschoben wegen Regen.«
Im Jahre 1898 zeichnete der »gute« König den General Bava Beccaris[4] mit großen militärischen Ehren aus, für seine Verdienste in einem Krieg, den wir uns wieder in Erinnerung rufen sollten. Gegner war eine Ansammlung von Bettlern, die vor einem Mailänder Kloster auf ihre Suppe warteten. Der General überfiel sie mit Kanonen und Mörsern einzig und allein deshalb, weil die Reichen (damals wie heute) das Privileg verlangten, keine Steuern zu zahlen. Sie wollten die Steuern auf die Polenta ersetzen durch etwas, das für die Armen schlechter und für sie besser wäre. Sie bekamen was sie wollten. Es gab 80 Tote und unzählige Verletzte. Unter den Soldaten gab es weder Verwundete noch Verweigerer. Nachdem sie ihren militärischen Pflichten nachgekommen waren, kehrten sie nach Hause zurück, um Polenta zu essen. Wenig, denn sie war teurer geworden.
Und dennoch fuhren die Offiziere fort, sie »Savoia« schreien zu lassen, selbst als sie sie zweimal zum Angriff ausschickten (1896 und 1935)[5] gegen ein friedfertiges und entferntes Volk, das sicherlich nicht die Grenzen unseres Vaterlandes bedrohte. Es war das einzige schwarze Volk, das noch nicht von der Pest des europäischen Kolonialismus infiziert worden war.

Wenn sich Weiße und Schwarze schlagen, sind Sie dann für die Weißen?
Genügt es Ihnen nicht, uns das Vaterland Italien vorzuschreiben? Wollen sie
uns auch noch das Vaterland der weißen Rasse vorschreiben? Sind Sie unter
den Priestern, die die »Nazione« lesen? Dann passen Sie auf, denn diese
Zeitung ist der Meinung, das Leben eines Weißen sei soviel wert, wie das von
100 Schwarzen. Haben Sie gesehen, wie sie den Tod von 60 Weißen im
Kongo hervorgehoben hat, wobei sie vergaß, das ungeheure Massaker an den
Schwarzen zu beschreiben und deren Urheber hier in Europa zu suchen?
Dasselbe gilt für den Krieg in Libyen.[6]
Nun sind wir im Jahr 1914. Italien greift Österreich an, mit dem es dieses Mal
verbündet war. War Battisti[7] ein Patriot oder ein Deserteur? Das ist ein
kleines Detail, das geklärt werden muß, wenn Sie von Vaterland sprechen
wollen. Haben Sie Ihren Jungens gesagt, daß dieser Krieg hätte vermieden
werden können? Daß Giolotti die Gewißheit hatte, das umsonst zu bekommen, was dann zum Preis von 600 000 Toten erreicht wurde?
Daß die große Mehrheit im Abgeordnetenhaus auf seiner Seite war (450 zu
508)? War das nun das Vaterland, das zu den Waffen rief? Und selbst wenn,
rief es dann nicht zu einem zweifellos »unnötigen Massaker«? (Der Ausdruck
stammt nicht von einem niederträchtigen Kriegsdienstverweigerer, sondern
von einem Papst).
Dann, im Jahre 1922[8] geschah es nun, daß das angegriffene Vaterland verteidigt werden mußte. Aber die Armee verteidigte es nicht. Sie wartete auf
Befehle, auf Befehle, die nicht kamen. Hätten ihre Priester sie dazu erzogen,
sich mehr von ihrem Gewissen leiten zu lassen als von einem »blinden,
schnellen, absoluten« Gehorsam, wieviel Leid wäre dem Vaterland und der
Welt erspart geblieben (50 Millionen Tote). Doch so fiel das Vaterland in die
Hände einer Handvoll Krimineller, die jedes menschliche und heilige Gesetz
vergewaltigten, und mit dem Wort Vaterland im Mund das Vaterland ins
Verderben führten. Während dieser tragischen Jahre hatten diese Priester in
Kopf und Mund nichts anderes als dieses heilige Wort »Vaterland«, diejenigen, die niemals die Bedeutung dieses Wortes zu ergründen gewünscht
hatten, diejenigen, die so sprechen, wie Sie sprechen. Sie waren wirklich von
unendlichem Übel für das Vaterland (und nebenbei gesagt, entehrten sie auch
die Kirche).
1936 hatten sich 50 000 italienische Soldaten eingeschifft zu einem neuen und
ehrlosen Angriff. Sie hatten ihren Marschbefehl erhalten, um als ›Freiwillige‹
das unglückliche spanische Volk anzugreifen.
Sie waren einem General zu Hilfe geeilt, der ein Verräter an seinem Vaterland
war, der sich gegen seine rechtmäßige Regierung und gegen ein souveränes
Volk auflehnte. Mit Hilfe der Italiener und zum Preis von anderthalb Millionen Toten gelang es ihm, das zu erreichen, was die Reichen wollten: Ein
Lohn- und kein Preisstop, Abschaffung des Streikrechts, der Gewerkschaften, der Parteien, aller bürgerlicher und religiöser Freiheiten.
Heute noch läßt dieser rebellische General, die übrige Welt herausfordernd,
jeden der schuldig ist, damals das Vaterland verteidigt zu haben oder der es
heute zu retten versucht, einsperren, foltern, töten (genauer gesagt, garrottieren). Ohne den Gehorsam der italienischen »Freiwilligen« wäre dies alles
nicht geschehen.
Wenn es in diesen traurigen Tagen keine Italiener auf der anderen Seite
gegeben hätte, könnten wir keinem Spanier ins Gesicht schauen. Das waren,
um genau zu sein, italienische Rebellen, die aus ihrem Vaterland verbannt
waren. Leute, die sich verweigert haben.
Haben Sie Ihren Soldaten gesagt, was sie machen sollen, wenn ihnen ein
General wie Franco zustößt? Haben Sie ihnen gesagt, daß man den Offizie-

ren, die dem Volk, ihrem Vorgesetzten, nicht gehorchen, nicht gehorchen soll?
Dann, ab 1939 gab es eine Lawine: italienische Soldaten griffen nacheinander sechs Länder an, die sich gewiß nicht an dem ihren vergriffen hatten (Albanien, Frankreich, Griechenland, Ägypten, Jugoslawien, Rußland).
Es war ein Krieg, der in Italien zwei Fronten hatte. Die eine gegen das demokratische System. Die andere gegen das sozialistische System. Das waren und sind gegenwärtig die zwei edelsten politischen Systeme, die sich die Menschheit gegeben hat.
Das eine ist, der höchste Versuch, dem Armen schon auf dieser Erde Freiheit und menschliche Würde zu geben.
Das andere ist der höchste Versuch, dem Armen schon auf dieser Erde Gerechtigkeit und Gleichheit zu geben.
Ermüden Sie sich nicht mit einer Antwort, die dem einen oder dem anderen System seine manifesten Fehler und Irrtümer aufrechnet. Wir wissen, daß dies menschliche Dinge sind. Sagt lieber, was es von unserer Seite aus an Unerhörtheiten gab. Es war ohne Zweifel das schlimmste politische System, das sich skrupellose Unterdrücker ausgedacht haben konnten. Negation jeglichen moralischen Werts, jeglicher Freiheit, die nicht für die Reichen und die Schlechten war. Negation jeder Gerechtigkeit und jeder Religion. Propaganda des Hasses und der Ausrottung Unschuldiger. Unter anderem der Ausrottung der Juden (das Vaterland des Herrn, in die Welt verstreut und leidend).
Inwiefern war das Vaterland von alledem betroffen? Und welche Bedeutungen können Vaterländer überhaupt noch haben, in einem Krieg, der seit dem letzten Krieg eine Konfrontation von Ideologien und nicht von Vaterländern ist?
Aber in diesen hundert Jahren italienischer Geschichte gab es auch einen gerechten Krieg (wenn es das überhaupt gibt, einen ›gerechten Krieg‹!) Der einzige, der kein Angriff auf ein anderes Vaterland war, sondern die Verteidigung des unseren: der Widerstand.
Auf der einen Seite gab es die Zivilisten, auf der anderen die Militärs. Auf der einen Seite Soldaten, die gehorcht hatten, auf der anderen Soldaten, die verweigert hatten. Wer von diesen beiden Gegnern war ihrer Meinung nach der ›Rebell‹, wer der ›Rechtmäßige‹?
Dies muß dringend geklärt werden, wenn man vom Vaterland spricht. Im Kongo zum Beispiel, wer sind da die ›Rebellen‹?
Dann verlor unser Vaterland durch die Gnade Gottes den ungerechten Krieg, den es entfesselt hatte. Den Vaterländern, die von unserem Vaterland angegriffen worden waren, gelang es, unsere Soldaten davonzujagen.
Sicher müssen wir sie respektieren. Es waren unglückliche Bauern oder Arbeiter, vom militärischen Gehorsam in Angreifer verformt, diesem militärischen Gehorsam, den Sie, die Feldseelsorger lobpreisen, sogar ohne eine ›Unterscheidung‹ zu der sie das Wort des Heiligen Petrus verpflichtet: »Muß man den Befehlen der Menschen, oder denen Gottes gehorchen?« Und während dessen beleidigen Sie einige seltene Menschen mit Mut, die dafür, daß sie dem Beispiel des Heiligen Petrus gefolgt sind, ins Gefängnis kamen.
In zahlreichen zivilisierten Ländern, (in dieser Hinsicht zivilisierter als das unsere) ehrt sie das Gesetz, indem es ihnen erlaubt, dem Vaterland auf eine andere Weise zu dienen. Sie verlangen danach, sich dem Vaterland zu opfern, mehr als die anderen, nicht weniger. Es ist nicht ihre Schuld, wenn sie in Italien dazu keine andere Wahl haben, als untätig im Gefängnis zu sitzen.
Übrigen gibt es auch in Italien ein Gesetz, das eine Kriegsdienstverweigerung anerkennt. Und das ist genau dieses Konkordat, das Sie feiern wollen. Seir

dritter Artikel bestätigt die grundsätzliche Kriegsdienstverweigerung der
Bischöfe und Priester.
Was die anderen Verweigerer betrifft, so hat sich die Kirche bislang weder für
noch gegen sie ausgesprochen. Das weltliche Urteil gegen sie bedeutet nur,
daß sie gegen das Gesetz der Menschen verstoßen haben, und nicht, daß sie
Feiglinge sind. Woher nehmen Sie das Recht, das hinzuzufügen? Und wenn
Sie sie Feiglinge nennen, fällt Ihnen dabei nicht auf, daß man nie davon gehört
hat, daß die Feigheit das Erbe einiger Weniger, das Heldentum aber das Erbe
der Mehrzahl sei?
Warten Sie mit Ihren Beschimpfungen. Morgen werden Sie vielleicht entdek-
ken, daß sie Propheten sind. Wahr ist, daß der Platz der Propheten im
Gefängnis ist. Aber es ist nicht schön auf der Seite derjenigen zu sein, die sie
darin festhalten.
Wenn Sie uns sagen, daß Sie das Amt des Feldseelsorgers gewählt haben, um
Verwundeten und Sterbenden beizustehen, so können wir Ihre Idee respektieren. Selbst Gandhi hat das in jungen Jahren gemacht. Reifer geworden, hat
er seinen jugendlichen Irrtum hart verurteilt. Haben Sie sein Leben gelesen?
Aber wenn Sie uns sagen, die Weigerung, sich und die seinigen zu verteidigen, nach dem Beispiel und dem Gebot des Herrn, sei »dem christlichen
Gebot der Liebe« fremd, so wissen Sie nicht wes Geistes Sie sind. Welche
Sprache sprechen Sie denn? Wie können wir uns verstehen, wenn Sie Worte
benutzen, ohne sie abzuwägen? Wenn Sie das Leiden der Kriegsdienstverweigerer nicht ehren wollen, so schweigen Sie wenigstens.
Wir wünschen also genau das Gegenteil von dem, was Sie wünschen. Wir
wünschen, daß endlich ein Ende gemacht wird mit jeglicher Diskriminierung
und jeglicher Spaltung des Vaterlandes gegenüber den Soldaten aller Fronten
und aller Uniformen, die sich sterbend den geheiligten Idealen von Gerechtigkeit, Freiheit, Wahrheit geopfert haben.
Wir respektieren das Leiden und den Tod, aber laßt uns vor den Jungen, die
auf uns schauen, keine gefährlichen Verwechslungen machen, zwischen Gut
und Böse, zwischen Wahrheit und Irrtum, zwischen dem Tod eines Angrei-
fers und dem seines Opfers.
Wenn Sie wollen, möchte ich es so sagen: Lasset uns beten für diese Unglück-
lichen, die sich unwillentlich, vergiftet von einer Propaganda des Hasses,
dem bloß falsch verstandenen Ideal des Vaterlandes geopfert haben, wobei
sie, ohne es zu wissen, alle anderen edlen menschlichen Ideale mit den Füßen
getreten haben.

Soweit der ›Offene Brief‹ Don Lorenzo Milanis, auch er aus den unmittelbaren Diskussionen in der Pfarrei Barbiana entstanden, denn die abgehenden
Schüler standen ja eben vor der Entscheidung, der Einberufung zum Militär-
dienst Folge zu leisten oder nicht.
Die angegriffenen Militärseelsorger antworteten sofort mit einem offiziellen
›denuncio‹ beim Generalstaatsanwalt in Florenz, der die Sache des Militärs
auch, wie üblich, zu seiner eigenen, zu der des Vaterlands und der Justiz
machte. Es kam zu einem langwierigen Prozeß, in dem Don Lorenzo Milani
noch einmal in einem umfangreichen Schriftsatz seine Meinung vortrug. Er
und der Redakteur Luca Pavolini von ›Rinascita‹ wurden freigesprochen.
Gegen diese Entscheidung legte der Generalstaatsanwalt der Republik in
Rom Revision ein. Der Prozeß fand am 28. Oktober 1968 statt. Don Lorenzo Milani war bereits gestorben. Luca Pavolini wurde zu vier Monaten
Gefängnis verurteilt.

Anmerkungen

1 Gemeint ist die ›Expedition der Tausend‹, 1860. Garibaldi war in Marsala gelandet, vertrieb die Bourbonen aus Sizilien und stand am 7. September vor Neapel. Im Oktober vereinigte dann ein Plebiszit Neapel/Sizilien und Sardinien unter der Krone Vittorio Emmanuele II.

2 1866: Italienisch-preußische Koalition; Eroberung Venetiens. Nach der österreichischen Niederlage geht Venetien an die italienische Krone.

3 Garibaldi will, in Opposition zur Politik Cavours, Rom (anstelle von Florenz) zur Hauptstadt machen. Napoleon III., Verbündeter des Papstes, schickt ein Expeditionskorps, schlägt Garibaldi und besetzt Rom. Die Truppen bleiben bis zum Sturz Napoleons (September 1870) in Rom, am 20. September 1870 ziehen die italienischen Truppen in Rom ein.

4 1898: Wegen Steigerung der Mehlpreise Aufstand in Mailand. General Beccavis, der ihn niederschlägt, wütet dabei besonders gegen die Sozialisten und ersten Christdemokraten. Umberto I., »der Gute« genannt, war von 1844–1900 König von Italien

.5 »Savoia« riefen die Soldaten beim Angriff, ›zu Ehren‹ des regierenden Königshauses Savoyen. – 1896–1935 meint zwei Perioden kolonialer Expansion gegen Äthiopien. Die erste (1894–1896) endet mit der Niederlage der italienischen Truppen, die zweite, 1935, meint den Überfall der faschistischen Truppen und die Besetzung Äthiopiens.

6 Im Anschluß an den italienisch-türkischen Krieg wird Italien 1912 ein Teil der besetzten Gebiete zugesprochen (Libyen).

7 Cesare Battisti (1875–1916), italienischer Dichter und Patriot, kämpfte sein ganzes Leben lang für die Wiedervereinigung seiner Heimatstadt Trient mit Italien. Von den Österreichern im Krieg als italienischer Soldat gefangen, wird er als ›Vaterlandsverräter‹ hingerichtet. – Giovanni Giolotti (1842–1928) kämpfte als Präsident der Ratsversammlung um Italiens Neutralität im Ersten Weltkrieg. Wurde – trotz der Unterstützung durch zahlreiche Abgeordnete – von Regierung und Öffentlichkeit erbittert bekämpft.

8 1922: Höhepunkt der ökonomischen, sozialen und politischen Krise Italiens nach dem Ersten Weltkrieg. Im Juli hatte Facta, der Präsident der Ratsversammlung, Mussolini und seiner Partei einige Ministerposten angeboten. Mussolini forderte die wichtigsten Ministerien. Am 1. August rufen die Sozialisten den Generalstreik aus, der binnen drei Tagen von den faschistischen Schwarzhemden zerschlagen wird. Am 24. Oktober verkündet Mussolini in Neapel den ›Marsch auf Rom‹, dem sich die Italiener nicht widersetzen. Facta tritt zurück, König Vittorio Emmanuele III. bietet Mussolini die Macht an. Am 31. Oktober halten die Schwarzhemden triumphalen Einzug in Rom; Italien wird eine faschistische Diktatur.

ITALIEN

Tommaso di Ciaula   Der Fabrikaffe und die Bäume
Wut, Erinnerungen und Träume eines apulischen Bauern, der unter die
Arbeiter fiel. Ein Fabriktagebuch besonderer Art.
WAT 51. 160 Seiten. DM 11,–

Tommaso di Ciaula   Das Bittere und das Süße
Über die Liebe, das Scherenschleifen und andere vergessene Berufe.
WAT 86. 128 Seiten. DM 9,–

Ernst Piper   Der Aufstand der Ciompi
Über den ,,Tumult", den die Wollarbeiter im Florenz der Frührenaissance
anzettelten.   *WAT 49. 128 Seiten. DM 8,50*

Ernst Piper   Savonarola
Umtriebe eines Politikers und Puritaners im Florenz der Medici.
WAT 60. 160 Seiten. DM 11,–

Sil Schmid   Freiheit heilt
Bericht über die demokratische Antipsychiatrie in Italien. Mit zahlreichen
Dokumenten und Bildern, Interviews.
WAT 41. 128 Seiten. DM 7,50

Werner Raith   Spartacus
Wie Sklaven und Unfreie den römischen Bürgern das Fürchten beibrachten.   *WAT 84. 176 Seiten DM 9,50*

Werner Raith   Das verlassene Imperium
Über das Aussteigen des römischen Volkes aus der Geschichte.
WAT 92. 208 Seiten. DM 12,50

Werner Raith   Die ehrenwerte Firma
Der Weg der Mafia vom »Paten« zur Industrie
WAT 99. 192 Seiten. DM 13,–

Werner Raith   In höherem Auftrag
Der kalkulierte Mord an Aldo Moro
WAT 111. 208 Seiten. DM 14,50

Gesualdo Bufalino   Museum der Schatten
Geschichten aus dem alten Sizilien.
WAT 93. 128 Seiten. DM 9,50

Wagenbach

PIER PAOLO PASOLINI

Amado Mio
Zwei Romane über die Freundschaft
Über die verbotene Freundschaft unter Männern – die intensive Beschreibung einer Obsession und einer fast bukolischen Heimat, die Liebe entstehen läßt und ihr zugleich Grenzen setzt.
Quartheft 130. 208 Seiten. DM 19.80

Barbarische Erinnerungen
La Divina Mimesis
Über das Italien der sechziger Jahre – über frühe Hoffnungen und ihren Tod, das schöne Italien des Volkes und das häßliche der Moderne – über die schöne neue Welt, auf der die barbarische Vergangenheit der alten lastet.
Quartheft 120. 112 Seiten. DM 14.80

Unter freiem Himmel
Ausgewählte Gedichte
»Nirgendwo sonst spricht Pasolini so subjektiv wie in seinen Gedichten. Seine Autobiographie liegt in ihnen ausgebreitet.«
Süddeutsche Zeitung
Quartheft 112. 160 Seiten. DM 16.80

Freibeuterschriften
Die Zerstörung der Kultur des Einzelnen durch die Konsumgesellschaft
»Alle heiligen Kühe hat Pasolini irgendwann unsittlich berührt.«
Frankfurter Allgemeine Zeitung
Quartheft 96. 144 Seiten. DM 17.80

Verlag Klaus Wagenbach Berlin

WAGENBACHS TASCHENBÜCHEREI

Franz Kafka, In der Strafkolonie. Eine Geschichte aus dem Jahre 1914. Mit Materialien, Chronik und Anmerkungen von Klaus Wagenbach. WAT 1. 96 Seiten. DM 7,50
Faust, Ein deutscher Mann. Die Geburt einer Legende und ihr Fortleben in den Köpfen. Lesebuch von Klaus Völker. WAT 2. 192 Seiten. DM 9,50
1848/49: Bürgerkrieg in Baden. Chronik einer verlorenen Revolution. Zusammengestellt von Wolfgang Dreßen. WAT 3. 160 Seiten. DM 8,50
Länderkunde: Indonesien. Von Einar Schlereth. WAT 4. 128 Seiten. DM 9,50
Schlaraffenland, nimms in die Hand! Kochbuch für Gesellschaften. Von Peter Fischer. WAT 5. 224 Seiten. DM 11,–
Peter Brückner, ». . . bewahre uns Gott in Deutschland vor irgendeiner Revolution!« WAT 6. 128 Seiten. DM 6,50
Babeuf, Der Krieg zwischen Reich und Arm. Artikel, Reden, Briefe. Kommentiert von Peter Fischer. WAT 9. 128 Seiten. DM 6,–
1886, Haymarket. Die deutschen Anarchisten von Chicago. Lebensläufe, Reden. Herausgegeben von Horst Karasek. WAT 11. 193 Seiten. DM 8,50
Zapata. Barbara Beck und Horst Kurnitzky: Bilder aus der mexikanischen Revolution. WAT 14. 160 Seiten. DM 7,50
Weißer Lotus, Rote Bärte. Geheimgesellschaften in China. Zur Vorgeschichte der Revolution. Ein Dossier von Jean Chesneaux. WAT 15. 192 Seiten. DM 8,–
Die Kommune der Wiedertäufer. Münster 1534. Von Horst Karasek. WAT 16. 160 Seiten.
131 expressionistische Gedichte. Hrsg. Peter Rühmkorf. WAT 18. 160 Seiten. DM 9,50
Die Scheidung von San Domingo. Dokumentation v. H. C. Buch. WAT 20. 192Seiten. DM 8,–
GRIPS-Theater. Geschichte, Dokumente und Modelle eines Kindertheaters. Hrsg. Volker Ludwig u. a. WAT 21. 192 Seiten.
Erich Mühsam, Fanal. Ausgewählte Aufsätze und Gedichte (1905-1932). Hrsg. Kurt Kreiler. WAT 22. 192 Seiten. DM 7,50
Albert Soboul, Kurze Geschichte der Französischen Revolution. Ihre Ereignisse, Ursachen und Folgen. WAT 23. 160 Seiten. DM 9,50
Der Automaten-Mensch. E. T. A. Hoffmanns Erzählung vom »Sandmann«, auseinandergenommen und zusammengesetzt von Lienhard Wawrzyn. WAT 24. 160 Seiten. DM 9,50
Frauenhäuser. Gewalt in der Ehe. Hrsg. Sarah Haffner. WAT 25. 224 Seiten. DM 12,–
80 Barockgedichte. Hrsg. Herbert Heckmann. WAT 27. 128 Seiten. DM 7,50
Peter Brückner, Ulrike Marie Meinhof und die deutschen Verhältnisse. WAT 29. 192 Seiten. DM 9,50
Bettina von Arnim. Eine weibliche Sozialbiographie aus dem 19. Jahrhundert. Von Gisela Dischner. WAT 30. 192 Seiten. DM 9,50
Charles Fourier, Aus der neuen Liebeswelt. WAT 32. 208 Seiten. DM 9,50
Schinderhannes. ›Kriminalgeschichte voller Abenteuer und Wunder, doch streng der Wahrheit getreu. 1802.‹ Hrsg. Manfred Franke. WAT 34. 128 Seiten. DM 8,50
Die Salpeterer. ›Freie, keiner Obrigkeit untertane Leute aus dem Hotzenwald.‹ Hrsg. Thomas Lehner. WAT 36. 128 Seiten. DM 7,50
99 romantische Gedichte. Hrsg. Lienhard Wawrzyn. WAT 37. 192 Seiten. DM 11,50
Ödipus. Ein Held der westlichen Welt. Von Horst Kurnitzky. WAT 38. 144 Seiten. DM 8,50
Günter Bruno Fuchs, Die Ankunft des Großen Unordentlichen in einer ordentlichen Zeit. Gedichte, Bilder und Geschichten. WAT 39. 160 Seiten.
Jetzt schlägt's 13. Deutsche Literatur aus dreizehn Jahren. Hrsg. Klaus Wagenbach. WAT 40. 192 Seiten. DM 7,–
Sil Schmidt, Freiheit heilt. Demokratische Psychiatrie in Italien. WAT 41. 160 Seiten. DM 7,50

Boris Vian, Der Deserteur. Chansons, Satiren und Erzählungen. Mit einer Biographie. Hrsg. Klaus Völker. WAT 42. 144 Seiten. DM 8,50
Lessings »Nathan«. Der Autor, der Text, seine Umwelt, seine Folgen. Hrsg. Helmut Göbel. WAT 43. 256 Seiten. DM 12,50
Erich Fried, 100 Gedichte ohne Vaterland. Nachwort Klaus Wagenbach. Eine Sammlung alter und neuer Gedichte. WAT 44. 128 Seiten. DM 9,50
Asperg. Ein deutsches Gefängnis. Von Horst Brandstätter. WAT 45. 160 Seiten. DM 9,–
Günter Bose/Erich Brinkmann, Circus. Geschichte und Ästhetik einer niederen Kunst. WAT 46. 204 Seiten. DM 9,50
Heinrich Heine, Ein Land im Winter. Gedichte und Prosa. Mit Bemerkungen von Dieter Heilbronn. WAT 47. 192 Seiten. DM 9,50
Panama. Geschichte eines Landes und eines Kanals, von der Entdeckung bis zum Vertrag von 1977/78. Von Alex Schubert. WAT 48. 128 Seiten. DM 7,50
Der Aufstand der Ciompi. Über den »Tumult«, den die Wollarbeiter im Florenz der Frührenaissance anzettelten. Von Ernst Piper. WAT 49. 128 Seiten. DM 8,50
Tommaso Di Ciaula, Der Fabrikaffe und die Bäume. Wut, Erinnerungen und Träume eines apulischen Bauern, der unter die Arbeiter fiel. WAT 51. 160 Seiten. DM 11,–
Wilfried Gottschalch, Vatermutterkind. Deutsches Familienleben zwischen Kulturromantik und sozialer Revolution. WAT 52. 160 Seiten. DM 11,–
Puerto Rico. Inselparadies der Wallstreet oder unabhängiger Staat? Geschichte, Kultur, Gegenwart. Von Karin Rohrbein und Reinhard Schultz. WAT 53. 128 Seiten. DM 7,50
Hans Christoph Buch, Tatanka Jotanka. Was geschah wirklich in Wounded Knee? Die letzte Schlacht der Indianer gegen die Weißen. WAT 55. 160 Seiten. DM 9,–
Georg Forster, Weltumsegler und Revolutionär: Ansichten von der Welt und vom Glück der Menschheit. Von Ulrich Enzensberger. WAT 57. 192 Seiten. DM 9,50
Ernst Piper, Savonarola. Umtriebe eines Politikers und Puritaners im Florenz der Medici. WAT 60. 160 Seiten. DM 11,–
Gisela Dischner, Caroline und der Jenaer Kreis. Ein Leben zwischen bürgerlicher Vereinzelung und romantischer Geselligkeit. WAT 61. 192 Seiten. DM 9,50
Ulrike Marie Meinhof, Die Würde des Menschen ist antastbar. Aufsätze und Polemiken. WAT 62. 160 Seiten. DM 11,–
Ralf-Peter Märtin, Dracula. Das Leben des Fürsten Vlad Tepes. WAT 65. 192 Seiten. DM 9,50
Peter Brückner, Das Abseits als sicherer Ort. Kindheit und Jugend zwischen 1933 und 1945. WAT 66. 160 Seiten. DM 9,50
Kolumbien. Geschichte und Gegenwart eines Landes im Ausnahmezustand. Hrsg. von Klaus Meschkat, Petra Rohde, Barbara Töpper. WAT 67. 192 Seiten. DM 11,50
Angelika Kopečný, Fahrende und Vagabunden. Ihre Geschichte, Überlebenskünste, Zeichen und Straßen. WAT 68. 192 Seiten. DM 9,50
Klaus Strohmeyer, Warenhäuser. Geschichte, Blüte und Untergang im Warenmeer. WAT 70. 192 Seiten. DM 9,50
Robert Linhart, Der Zucker und der Hunger. Reise aus der Metropole in ein Land, wo der Zucker wächst. Oder: Die Folgen unseres Konsums in Brasilien. Mit zahlreichen Abbildungen. WAT 71. 128 Seiten. DM 8,–
Minna von Barnhelm oder: Die Kosten des Glücks. Hrsg. von Joachim Dyck. Mit einem Dossier über preußische Disziplin, Diener der Herrn, Wirte als Spitzel, frisches Geld und das begeisterte Publikum. WAT 72. 192 Seiten. DM 12,50
Horst Karasek, Der Brandstifter. Lehr- und Wanderjahre des Maurergesellen Marinus van der Lubbe, der 1933 auszog, den Reichstag anzuzünden. WAT 73. 192 Seiten. DM 9,50
Rudi Dutschke, Geschichte ist machbar. Texte über das herrschende Falsche und die Radikalität des Friedens. WAT 74. 192 Seiten. DM 8,50
Christoph Meckel, Tullipan und **Die Noticen des Feuerwerkers Christopher Magalan.** WAT 75. 160 Seiten. DM 8,50
Franz Rueb, Ulrich von Hutten. Ein radikaler Intellektueller im 16. Jahrhundert. WAT 76. 192 Seiten. DM 9,50

Werner Völker, Als die Römer frech geworden. Die Schlacht im Teutoburger Wald. WAT 77. 192 Seiten. DM 9,50

Alex Schubert, Erdöl: Die Macht des Mangels. Ein Buch über die Gegenwart und Zukunft der Weltwirtschaft. WAT 78. 192 Seiten. DM 11,–

Studs Terkel, Der amerikanische Traum. Vierundvierzig Gespräche mit Amerikanern. WAT 80. 288 Seiten. DM 14,50

Peter Brödner/Detlef Krüger/Bernd Senf, Der programmierte Kopf. Eine Sozialgeschichte der Datenverarbeitung. WAT 82. ca. 192 Seiten. DM 11,–

Erich Fried, Kinder und Narren. 29 Erzählungen. WAT 83. 160 Seiten. DM 10,–

Werner Raith, Spartacus. Wie Sklaven und Unfreie den römischen Bürgern das Fürchten beibrachten. WAT 84. 176 Seiten. DM 11,–

Jochen Köhler, Klettern in der Großstadt: Geschichten vom Überleben 1933 bis 1945. WAT 85. 256 Seiten. DM 12,50

Tommaso Di Ciaula, Das Bittere und das Süße. Über die Liebe, das Scherenschleifen und andere vergessene Berufe. WAT 86. 128 Seiten. DM 9,–

Barbara Sichtermann, Vorsicht Kind. Eine Arbeitsplatzbeschreibung für Mütter, Väter und andere. WAT 87. 216 Seiten. DM 12,–

Pierre François Lacenaire, Memoiren eines Spitzbuben. Ein Zeit- und Sittengemälde der bürgerlichen Gesellschaft im Frankreich des 19. Jahrhunderts. WAT 88. 192 Seiten. DM 12,–

J. W. Goethe, Die Leiden des jungen Werther. Neu herausgegeben mit Dokumenten und Materialien, Wertheriana und Wertheriaden von H. C. Buch. WAT 89. 256 Seiten. DM 12,50

Theodor H. Gaster, Die ältesten Geschichten der Welt. WAT 90. 224 Seiten. DM 14,50

113 DADA-Gedichte. Eine umfassende Sammlung dadaistischer Lyrik, herausgegeben und kommentiert von Karl Riha. WAT 91. 192 Seiten. DM 12,50

Werner Raith, Das verlassene Imperium. Über den Ausstieg des Römischen Volkes aus der Geschichte. WAT 92. 208 Seiten. DM 12,50

Gesualdo Bufalino, Museum der Schatten. Geschichten aus dem alten Sizilien, dessen Schatten im heutigen verborgen sind. WAT 93. 128 Seiten. DM 9,50

Matthias Koeppel, Starckdeutsch. Oine Orrswuuhl dörr schtahurcköstn Gedeuchten. 1972-1982. WAT 94. 128 Seiten. DM 9,50

Pietro Marcenaro/Vittorio Foa, Tempo, Tempo. Dialog über die Zukunft der Arbeit. WAT 95. 160 Seiten. DM 12,50

Boris Vian, Herbst in Peking. Roman mit einem Nachwort von Klaus Völker. WAT 96. 264 Seiten. DM 14,50

Ernst Köhler, Die Stadt und ihre Würze. Ein Bericht aus dem Süden unseres Sozialstaats. WAT 97. 224 Seiten. DM 13,50

Robert Wolfgang Schnell, Sind die Bären glücklicher geworden? 15 Autobiographien. Auswahl der schönsten »autobiographischen« Geschichten Schnells. WAT 98. 128 Seiten. DM 9,50

Werner Raith, Die ehrenwerte Firma. Der Weg der italienischen Mafia vom »Paten« zur Industrie. WAT 99. 192 Seiten. DM 13,–

Karnickel, Karnickel. Handbuch für das allgemeine Kaninchenwesen anläßlich hundertfacher Vermehrung der Taschenbücherei, herausgegeben von Klaus Wagenbach. WAT 100. 128 Seiten. Zahlreiche Abbildungen. DM 5,–

Johannes Bobrowski, Litauische Claviere. Roman über das Herstellen von Kunst in schwieriger Zeit. WAT 101. 128 Seiten. DM 9,50

Friedrich Wilhelm Pohl/Christoph Türcke, Heilige Hure Vernunft. Luthers nachhaltiger Zauber. WAT 102. 144 Seiten. DM 12,–

Werner Sombart, Liebe, Luxus und Kapitalismus. Über die Entstehung der modernen Welt aus dem Geist der Verschwendung. WAT 103. 208 Seiten. DM 14,–

Peter Brückner, Selbstbefreiung. Provokation und soziale Bewegungen. WAT 104. 112 Seiten. DM 9,–

Jakov Lind, Selbstportrait. WAT 105. 160 Seiten. DM 11,50
Barbara Sichtermann, Weiblichkeit. Zur Politik des Privaten, über Weiblichkeit als Emanzipation. WAT 106. 128 Seiten. DM 11,–
Lothar Baier, Die große Ketzerei. Verfolgung und Ausrottung der Katharer durch Kirche und Wissenschaft. WAT 108. 208 Seiten. DM 14,–
Thomas Schmid (Hrsg.), Befreiung von falscher Arbeit. Thesen zum garantierten Mindesteinkommen. WAT 109. 144 Seiten. DM 9,50
Vom Schaukeln der Dinge. Montaignes Versuche. Ein Lesebuch von Mathias Greffrath. WAT 110. 224 Seiten. DM 14,50
Werner Raith, In höherem Auftrag. Der kalkulierte Mord an Aldo Moro. WAT 111. 208 Seiten. DM 14,50
Die Linke neu denken. Mit Beiträgen von Lothar Baier, Gisela Erler, Gunnar Heinsohn, Alexander Kluge, Ulrich K. Preuß, Thomas Schmid, Barbara Sichtermann und Daniel Cohn-Bendit. WAT 112. 128 Seiten. DM 9,50
Die Schülerschule. Brief über die Lust am Lernen. WAT 113. 192 Seiten. DM 12,50
Erich Fried, Zeitfragen und Überlegungen. 80 Gedichte, sowie ein Zyklus. WAT 114. 120 Seiten. DM 10,–
Wilfried Gottschalch, Aufrechter Gang und Entfremdung. Pamphlet über Autonomie. WAT 115. 112. Seiten. DM 9,50
Willkomm und Abschied. Gedichte des jungen Goethe. Herausgegeben, kommentiert, mit Bildern und Materialien versehen von Peter Fischer. WAT 116. 192 Seiten. DM 12,50
Der Verbrecher aus verlorener Ehre. Eine wahre Geschichte von Friedrich Schiller. Aufs Neue ans Licht geholt und mit Erkundungen zum Dichter- und Räuberleben der republikanischen Freiheit des lesenden Publikums anheimgestellt von Horst Brandstätter. WAT 117. 128 Seiten. DM 11,–

Eine andere Art, unsere Geschichte zu lesen

1848 – 1849 Bürgerkrieg in Baden
Chronik einer verlorenen Revolution
Zusammengestellt von Wolfgang Dreßen
WAT 3. 160 Seiten. DM 8,50

Schinderhannes
Kriminalgeschichte, voller Abenteuer und Wunder und doch streng der Wahrheit getreu, 1802
Wiederaufgefunden, herausgegeben, mit Dokumenten und Bildern versehen von Manfred Franke
WAT 34. 160 Seiten. DM 8,50

Die Salpeterer
»*Freie, keiner Obrigkeit untertane Leut' auf dem Hotzenwald.*«
»Eine Geschichte voller Leidenschaft, Trotz und ‚Kohlhaas'schem Rechtsanspruch.« Ingeborg Drewitz
WAT 36. 128 Seiten. DM 7,50

Asperg
Ein deutsches Gefängnis
Zusammengestellt von Horst Brandstätter
»Asperg – ein Stück Geschichte republikanischen Widerstandes.« Norddeutscher Rundfunk
WAT 45. 160 Seiten. DM 9,-

Die Kommune der Wiedertäufer
Bericht aus der befreiten und belagerten Stadt Münster 1534
Herausgegeben von Horst Karasek
WAT 16. 160 Seiten. DM 11,-

Werner Völker Als die Römer frech geworden...
Die Schlacht im Teutoburger Wald
»Detaillierte, kritische und sachkundige Entmythologisierung eines Uraltmythos.« Bielefelder Tageblatt
WAT 77. 176 Seiten. DM 9,50

Verlag Klaus Wagenbach Berlin

Denken, Lust und Laune

Charles Fourier
Aus der Neuen Liebeswelt
Fourier, einer der bedeutendsten Sozialutopisten war
jahrzehntelang vergessen. Diese Ausgabe sammelt
seine spekulativen und praktischen Bemerkungen zu
neuer Sinnenlust und freier Liebe in anderen, freundlicheren
Lebenszusammenhängen.
WAT 32. 208 Seiten. DM 12.50

Pietro Marcenaro / Vittorio Foa
Tempo Tempo
Dialog über die Zukunft der Arbeit
Eine Unterhaltung über die Zukunft der Arbeit. Der Ältere befragt den
Jüngeren. Er will wissen, warum Arbeit Spaß macht.
Arbeitszeit galt immer als gestohlene Lebenszeit: das Buch sammelt Beispiele, die auf das Gegenteil Lust machen.
WAT 95. 160 Seiten. DM 12.50

Werner Sombart
Liebe, Luxus und Kapitalismus
Über die Entstehung der modernen Welt aus dem
Geist der Verschwendung
»Sombarts glänzend geschriebene Studie ist ein amüsanter und informativer historischer Bilderbogen über die Anfänge des Kapitalismus.«
(Süddeutsche Zeitung)
WAT 103. 208 Seiten. DM 14.–

Die Linke neu denken
Gegen das rituelle Weiterdenken alter Formeln, gegen Nostalgie und
Zynismus denken neun Linke über die wichtigsten Probleme einer
anderen Gesellschaft nach.
Beiträge von Lothar Baier, Gisela Erler, Gunnar Heinsohn,
Alexander Kluge, Ulrich K. Preuß, Thomas Schmid,
Barbara Sichtermann und Daniel Cohn-Bendit.
WAT 112. 128 Seiten. DM 11.–

Verlag Klaus Wagenbach   Berlin

Poesien

131 expressionistische Gedichte
Herausgegeben von Peter Rühmkorf.
WAT 18. 160 Seiten. DM 9,50

80 Barockgedichte
Zusammengestellt von Herbert Heckmann.
WAT 27. 128 Seiten. DM 7,50

99 romantische Gedichte
Mit einem Essay und Kurzbiographien aufgelesen von
Lienhard Wawrzyn.
WAT 37. 192 Seiten. DM 11,50

Boris Vian   Der Deserteur
Mit einer Biographie von Klaus Völker.
WAT 42. 144 Seiten. DM 8,50

Erich Fried   100 Gedichte ohne Vaterland
Eine Auswahl aus acht Gedichtbänden, erweitert um
zahlreiche neue Gedichte.
WAT 44. 128 Seiten. DM 9,50

Heinrich Heine   Ein Land im Winter
Gedichte und Prosa. Mit Bemerkungen von Dieter Heilbronn.
WAT 47. 192 Seiten. DM 9,50

113 DADA-Gedichte
Eine umfassende Sammlung dadaistischer Lyrik.
Herausgegeben von Karl Riha. Mit zahlreichen Abbildungen.
WAT 91. 192 Seiten. DM 12,50

Matthias Koeppel   Starckdeutsch
Oine Orrswuuhl dörr schtahurcköstn Gedeuchten.
Mit Illustrationen vom Autor.
WAT 94. 128 Seiten. DM 9,50

Wagenbach

LESEÜBUNGEN, Z.B.:

Franz Kafka In der Strafkolonie
Eine Geschichte aus dem Jahre 1914. Mit Quellen,
Abbildungen, Materialien und Anmerkungen von
Klaus Wagenbach.   WAT 1. 96 Seiten, DM 7.50

Einar Schlereth Indonesien
Die Menschen, das Land, die Kultur
WAT 4. 128 Seiten, DM 9.50

Erich Mühsam Fanal
Aufsätze und Gedichte. Herausgegeben von
Kurt Kreiler.   WAT 22. 192 Seiten, DM 9.50

Der Automaten-Mensch
E.T.A. Hoffmanns Erzählung vom Sandmann
Herausgegeben von Lienhard Wawrzyn
WAT 24. 180 Seiten, DM 9.50

Jetzt schlägt's 13
Deutsche Literatur aus dreizehn Jahren. Herausgegeben
von Klaus Wagenbach.   WAT 40. 192 Seiten, DM 7.—

Tommaso Di Ciaula Der Fabrikaffe und die Bäume
Wut, Erinnerungen und Träume eines apulischen Bauern,
der unter die Arbeiter fiel
WAT 51. 160 Seiten, DM 11.—

Angelika Kopečný Fahrende und Vagabunden
Ihre, Geschichte, Überlebenskünste, Zeichen
und Straßen
WAT 68. 192 Seiten, DM 9.50

**Christoph Meckel Tullipan/Die Noticen des
Feuerwerkers Christopher Magalan**
Zwei Erzählungen.   WAT 75. 144 Seiten, DM 8.50

Erich Fried Kinder und Narren
Erzählungen.   WAT 83. 160 Seiten, DM 10.—

WAGENBACHS TASCHENBÜCHEREI